愛知大学東亜同文書院ブ

9

小崎外交官、世界を巡る

東亜同文書院大学、愛知大学から
各国大使・公使としての軌跡

2016年2月29日　愛知大学東京霞が関オフィスにて

おざきまさなり
小崎昌業
（東亜同文書院大学第42期生・愛知大学第1期生）

上：モンゴルから帰国するイギリス大使を駅で見送る
下：モンゴル・ウランバートルの日本大使館（右から２番目が本人）

上：モンゴル・オブドの師範学校でのモンゴル相撲 1984 年 9 月
下：モンゴルのナーダムにて（右端が本人）

上：ルーマニアの日本大使館にて 1986 年 9 月 16 日
下：ルーマニアの日本大使館

上：ルーマニア・シナゴーグ湖畔の別荘での会食　1986 年 8 月 30 日
下：ルーマニア・ドラキュラ像前にて　1986 年 8 月 23 日

上：東亜同文書院大学記念センターの展示・講演会が開かれたシカゴ市街
下：シカゴの展示（英文）コーナーで、記念センタースタッフと（右から４番目が本人）
2009 年 3 月 28 日

上：長崎での東亜同文書院大学記念センター講演会で講演する本人
下：長崎会場に訪れた書院同期生の親友・日高操氏と 2013 年 10 月 6 日

東亜同文書院記念基金会授賞式 2016 年 1 月 22 日

小崎昌業年表

1922	中国・山東半島青島で生まれる
1940	滋賀県立水口中学校卒業
1941.4	東亜同文書院大学予科入学（東亜同文書院 42 期生）
1942.9	予科修了（短縮）
10	東亜同文書院大学商学部入学
1943.12.1	学徒動員により南京 61 師団に入隊
1944.3	南京陸軍経理学校へ。のち上海の師団司令部付主計
1946.5	日本へ引揚げ
9	東亜同文書院大学商学部卒業
1947.5	愛知大学法経学部経済科入学
1948.3	愛知大学法経学部経済科卒業（13 名）
1951	外務省へ入省
1952	アジア局二課
1953.4	外交官補として在中華民国（台湾）大使館（ 3 年間）
1956.3	アジア局一課
8	通産省通商局搬入一課（特殊貿易）
1960.10	在カルカッタ総領事館領事
1963.10	在カナダ大使館一等書記官
1965.11	経済協力局賠償課
1967.1	経済協力局技術協力課長
1968.3	情報文化局文化事業部文化二課長
1971.1	通産省繊維雑貨局繊維雑貨搬出課長
1972.10	外務省研修所首席指導官
1974.2	在シンガポール大使館参事
1976.3	在ポーランド大使館公使
1980.2	在マドラス総領事
1982.9	在モンゴル特命全権大使
1984.9	在ルーマニア特命全権大使
1987.12	外務省退官
1988.2	日産生命顧問
1992	霞山会常任理事
1993	愛知大学東亜同文書院大学記念センター運営委員
1994	愛知大学監事、霞山会顧問、滬友会副会長
2008.6	学校法人愛知大学名誉役員
2016	東亜同文書院記念基金会記念賞受賞

●目　次●

第 3 部　東亜同文書院記念基金会受賞時の記録

第 4 部　“愛知大学の前身”東亜同文書院大学

第 5 部　小崎昌業業績

はじめに

本書は愛知大学東亜同文書院大学記念センターが刊行するブックレットの１冊として、小崎昌業先生の多くの貴重な経験をまとめさせていただいたものです。

小崎昌業先生は本文で紹介しますように、中国の青島の小学校で育ち、のち水口中学（滋賀）を卒業され、さらに東亜同文書院大学（上海）へ入学されました。

しかし、戦時下の学徒出陣で南京陸軍経理学校を経て終戦。終戦直後に書院大学の受け皿として創設した愛知大学（旧制）へ入学され、卒業時には外交官試験に合格され、外務省に入られました。しかし、折からのGHQ体制、東西冷戦、朝鮮戦争、日本の独立、国連加盟、そして厳しかった対米繊維交渉など国際的な時局のめまぐるしい変化の中で対応され、中華民国（現台湾）を手始めに世界の国々を外交官の公使として巡り、モンゴルとルーマニアでは全権大使を歴任されました。戦前から戦後の時代を切り開いた一員として今日の日本を世界の国々で築き上げてこられた方です。

その後は、戦前に東亜同文書院（のち大学）も経営した東亜同文会の流れを引く霞山会の常任理事に就任され、アジア関係でご尽力される一方、1,300ページ近くの大著『東亜同文会史・昭和編』(2003年刊)を編集、執筆されました。この中で、根津一院長の中国保全方針が改正されたことを見い出すという功績もあり、近代日中関係の中での東亜同文会、東亜同文書院および同大学を確固たる存在として位置付けられました。

また、愛知大学に東亜同文書院大学記念センターが設立されると、当初からその運営委員として活躍され、当センターの全国各地での展示、講演会には必ず出席され、シカゴの展示、講演会にも参加されたほどです。そのような中で、先生の書院時代を含む近代日中関係などのご経験を何回か講演していただきました。また現代中国学部の学生による中国現地研究調査の現地での発表会にもほとんど出席され、愛大生にエールを送ってこられました。

このような小崎先生の貴重な多くのご経験を、あらためて東亜同文書院大学から愛知大学時代について語っていただいた内容（第 1 部）と、前述の各地でのご講演のうち、外務省の大使、公使として世界を巡りご活躍された時代の内容（第 2 部）を記録し、また 2016 年 1 月には東亜同文書院記念基金会による表彰を受けられた時の愛知大学川井伸一学長のごあいさつと、佐藤元彦前学長の推薦文など（第 3 部）も掲載させていただき、その功績を讃えさせていただきました。

そして、小崎先生が執筆された“本学の前身”東亜同文書院大学（愛知大学史研究　2007 年度版／創刊号）をもとに、ご自身が加筆修正された改訂版（第 4 部）を掲載致しました。

ところで、本年、愛知大学はルーツの東亜同文書院の設立から 115 年になりますが、戦後旧制大学として創立してから 70 周年の記念の年を迎えます。小崎先生は東亜同文書院大学へ入学され、戦後、帰国後あらためて愛知大学へも入学、卒業なされ、両大学で学んだという貴重な経験をお持ちになられます。愛知大学創立 70 周年記念に先生の貴重な経験をあらためてこのような形で世に送り、広く知っていただけることはわれわれにとっても幸せを感じます。

先生は現在 94 歳。なお現役として仕事もこなされています。温厚で穏やかなお顔と態度はいつも先生を取り巻く関係者に明るい雰囲気を醸し出してくれます。これも長年にわたる多くの経験と自信の賜のように思われます。

先生のこれまでの多大なご貢献と、さらなる長寿でのご活躍を祈念して、この書を当記念センター一同から献呈させていただきます。

なお、本書を編むにあたり、小崎先生はもちろん、田辺勝巳愛知大学豊橋研究支援課長、森健一当記念センター担当ほか多くのみなさんにご尽力をいただきました。また出版にあたり株式会社あるむにもお世話になりました。あわせてお礼申し上げます。

また筆者（藤田）は小崎先生とのお付き合いが最も長く、先生には多大なご教示をいただき、お世話になったことから、この巻頭の一文を書かせていただきました。

2016年3月吉日

愛知大学名誉教授
愛知大学東亜同文書院大学記念センター・フェロー
愛知大学東亜同文書院大学記念センター・元センター長
藤田　佳久

第1部　東亜同文書院大学から愛知大学へのわが人生

日　時　2012年2月10日

会　場　愛知大学東京事務所

1．はじめに

私の話の中心は、上海の東亜同文書院大学での生活から、その後、後継校である愛知大学への転校生活にあります。私の子供の頃の生い立ち、小学校、中学校（旧制）から大学（書院・愛大）での生活、外務省での各国を含む長い生活、その後の霞山会（旧東亜同文会）、滬友会（東亜同文書院同窓会）、愛大生活などです。一生の話になると長すぎるので適当なところで切りますが、皆さんからのご要望があれば続けますので、遠慮なくおっしゃってください。また、話し中でもご質問に応じて適宜お話しますから、何か疑問があったら聞いてください。宜しくお願い致します。

一．私が現実に学んだ東亜同文書院という大学の中身はどういうものであったか、学生はどんな生活をしていたかと言うこと。

二．同文書院は、校舎が2回戦火で焼かれ、6回移転しましたが、そういった移動の歴史。

三．大旅行。同文書院については、中国内地の大旅行、これを抜きにしては、語れない興味津々たる大旅行の話。

四．次に同文書院学友会。学友会は、運動部と文化部があり、すべての学生が入部することになっていて、毎日の生活が多忙でした。

五．それから、東亜同文書院大学が最後に借りた交通大学の周りの蔵時記などにどういう変転があったか。

2．青島時代

1922（大正 11）年、私は中国の山東半島の根っこにある青島で生まれました。親父は貿易商をやっていました。中国では珍しく、青島は赤い屋根、青い海といった、きれいな景色がありまして、今も蔣介石の別荘と並び共産党の要人の別荘があります。この間も行ったら、新婚さんがそこの海岸で写真を盛んに撮っていました。そういう非常に風景のいいところです。

さきほど言いました青島の赤い屋根というのは、1898（明治 31）年にドイツが膠州湾を租借して街作りをした風景なのですが、日本はこの地域を第一次大戦に参戦し、ドイツからこれら地域の譲渡を得たのです。日本が引き継いだドイツ製建物の数々や、日本が作った建物などが今も残っています。ドイツ軍のモルトケ砲台など立派なものが海岸にあり、子供の頃はそこに行って遊んだものです。また、山の上には大きな砲台があり、地下室も深いものがありました。それから、青島神社には大鳥居や非常に綺麗な境内があり、子供心にも素晴らしいなと思いました。桜が咲く頃になると日本人がそこに集まってお酒を飲んだり、女の子を連れてきて三味線を弾かせたり、ドンチャンやっていましたよ。

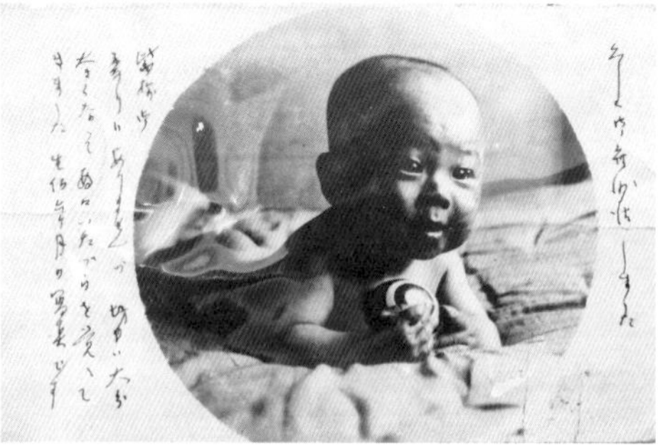

生後６カ月の本人

青島神社

1928（昭和 3 ）年になりますと、蔣介石が北伐軍を連れて北上して来ましてね。そして、済南で日本軍と衝突することになるのです。済南には日本人が相当数いたものですから、日中間で衝突する恐れがあるということで、日本から急遽軍隊を派遣することになり、陸軍が海軍の艦艇に乗って青島に来ました。それが 2 個師団くらい山東半島に上陸して来たのですが、その軍隊を子供の頃の記憶ですが覚えています。立派なカーキ色の軍装、軍帽、背嚢、小銃など整然と揃い、隊伍堂々として威風あたりをはらっていました。日本の軍隊は、非常に立派な軍隊でした。それに引き換え蔣介石の北伐軍というのは、本当にぼろきれみたいな服装を着て、槍とか、長刀みたいな古いものを持ち、飯炊きの釜、お湯を沸かすやかんみたいなもの、雨傘そういうものをぶら下げて行くわけです。それは見られたものではなかったですね。済南事変において、日本軍と戦った蔣介石軍は敗北したので、日本軍は北上の中止を勧告したのですが、蔣介石は北京まで進軍しましたね。当時、青島で隣の女の子が女学校に行って帰って来ないから、どうしたのだろう、みんなで迎えに行こうと、途中まで行ったのを覚えています。

青島では当時、親父は馬を持っていました。昔、日本は徴兵制でしたから、誰でも軍隊に入らないといけなかったのです。親父は騎兵隊に入り、馬を覚えたのですね。祖母が言っていましたが、親父は騎兵隊員の長靴に一升瓶を入れて、よく京都の騎兵連隊の営内に入ったそうです。

青島には競馬場があり、親父は私をよくそこへ連れて行きました。私は1回観ると、「もう帰ろう」と駄々をこねたので、親父は近くの青島ビール工場でビールと塩豆を買って来て、僕に飲ませ、帰るのをやめさせたのを覚えています。また、時々馬に乗せられて幼稚園に通ったものです。

同文書院に入った後に青島を訪ねて行った時のことです。幼稚園に加藤さんという女の先生がいらして、私をよく覚えていてくれて、幼稚園の子供達も喜んで集まってきて、今日は特別な昼飯を食べようということになり、皆と一緒に御馳走になったことを覚えています。

幼稚園のすぐ隣には小学校がありました。第一と第二と、小学校が2つあったのです。それと、青島中学と女学校もありました。青島中学は、多くの著名人が卒業しています。私たちの時代でよく知られているのが三船敏郎です。青島中学は野球も強かったです。昔、親父に連れられて青島から日本に帰って来るとき、甲子園に出るのだと言って青島中学の

乗馬倶楽部（青島にて。左端が父）

野球部が船に乗っていました。そういうことで、青島は、なかなかいいところだなと思っています。

3．水口中学時代

私は、小学校の途中で日本に帰り、滋賀県の水口中学で学びました。水口中学在学中は軍事教練を行っていましたね。軍事教練の演習があって、その時僕は中隊長を命じられました。あるとき崖の上にいたのですが、草を踏み外して、だぁーと下に落ちて切り株に胸をぶつけたんです。胸部の服が破れて、息ができない。「中隊長戦死！」とか、みんな言っていましたが、すぐに病院に行き、手当てしてもらいました。治るまで長くかかりましたね。その後、ほかの中学との対抗試合がありまして、指揮をとったのですが、これが褒められ、表彰されました。

1940（昭和 15）年に私は水口中学を卒業したのですが、東京の宮城（皇居）の前で、軍事教練の記念式典がありました。そこに、中学校以上各大学、各高専学校から 10 名ずつ武装して、集まりました。私もそこに行きました。あとで、同文書院に入学してから、書院同窓会の名簿を見たら同じ時に東京に来て式に参加していたのが、春名和雄さんですね。丸紅の社長をやられた。あの人、同文書院の 4 年生で来ていたのです。記念式典に参加しましたが、陛下が白馬に乗って出て来られて、戸山の陸軍音楽学

水口中学卒業式
（前列右端が本人）

校の軍楽隊が音楽をじゃんじゃんやりました。分列行進をやると猛烈な砂煙が上がって、全員真っ白になるので、水を撒きながらやりました。現在は、二重橋前は綺麗に手入れがされて松の木が揃って生えていますが、それは戦後のことです。

4．東亜同文書院大学への入学

私は書院へ入学する前に1年浪人したのです。その間、京都へ勉強に行けというので行きました。その家が宗教をやっておられる家で、朝晩にドンドンと太鼓を叩いて、祝詞をあげている家でしたが、そこで、受験旬報、昔、赤尾好男が旺文社から出した、そういうものを、月に3回買って勉強したのです。私は一度作文で全国一位になり、その作例が受験旬報に出て、小さなカップを貰いました。ところが、親戚に綺麗な女の子2人がいて、私はどうかすると、そっちの方に足が向いてしまう。それで、勉強はあまり出来なかった。これではいけないと。17歳か18歳そんな頃ですよ、中学校卒業した時でしたから。それで勉強はあまり成績が上がらなかったけれど、なかには点数を上げているものもありましたね。

同文書院入学時

浪人する前の年は、受験に行く前の前の晩から風邪を引いて熱を出し、物凄く汗を出しまして、頭がグラグラして受験は失敗しました。その翌年の試験は東京であり、高千穂高等商業学校（現高千穂大学）校舎でありましたね。受験生が千

伊勢神宮参拝

橿原神宮参拝

大阪毎日新聞社訪問

名を超えていましたよ。合格者は20～30名とのことでした。えらい難しい競争率だなと思ったのですが、合格したと連絡が来たものだから飛び上がって喜んだものです。

同じ年、京都でハルピン学院も受けましたが、ハルピン学院ははじめから「北辺の守りはお前達の任務だ」と、もの凄い気合いを入れられて、こんな学校御免蒙りたいと思いました。それで、1941（昭和16）年に書院に入学し学生生活が始まったのです。

私が入った同文書院のクラスは、42期生171名で、大学の3期生です。その後、学部に入るときに日本の高専を出た12名が入って来ました。

同文書院に入学する時、全国から新入生が東京九段の軍人会館に集まりました。確かあの時、早朝、滋賀県から東京に着き、九段まで市電に乗り、電車賃を払おうとしましたが、お札しか持っていないので困っていたら、東京の何処かの中学生が小銭で払ってくれ、「お釣りはいらない」というので感激したのを覚えています。軍人会館は、立派な建物だと思って喜びましたね。そこで1週間滞在し、東京見学をしました。その後、東京から列車で伊勢に行き、京都、大阪、長崎へ。そして、長崎から船で上海に向かったのです。その1941（昭和16）年の4月8日から17日までの旅程は忘れられません。

近衛篤麿公、荒尾精先生、根津一先生を同文書院の三先覚といっていましたが、その方々のお墓参りをしました。僕らが学生時代総理をやっていたのが、近衛文麿公で、そのお父上が篤麿公で東亜同文会の創立者です。文麿公は、終戦の年の12月に服毒自殺されましたけれど、その次男が今の近衛通隆さんです（2012（平成24）年2月死去）。長男の文隆さんは砲兵中尉で満州にいましたが、終戦で捕虜となり、シベリアに抑留され、最後の引揚船が出る直前になって亡くなられました。結局、ソ連に半分殺されたようなものです。

東京霞が関には、東亜同文会が作った霞山会館という3階建ての立派な建物がありました。はじめは2階建てだったのですが、もう1階継ぎ足して図書館が建てられました。同文書院に入学すると、ここで招見式が行われました。上海での入学式の前の招見式です。そこで、東亜同文会の近衛公はじめお偉方が来られて、挨拶される。我々はこれを拝聴し、また、お茶とかお菓子をいただいた。この霞山会館ができる前は、現在の帝国ホテルの隣にあった「華族会館」（鹿鳴館）で招見式が行われました。しかし、霞山会館は戦後、進駐軍に接収され、使用されて傷んでいたので、接収解除後に改造されることとなり、同じ場所に新しく9階建ての「霞山ビル」が作られました。この霞山ビルには、霞山会館、霞山会（昔の東亜同文会）、滬友会（東亜同文書院大学の同窓会）が入っていました。滬友会は5階にありました。後に3階だったと思いますが、愛知大学の事務所も入りましたね。そして、一昨年にこのビル「霞が関コモンゲート西館」が建設され、霞山ビルは解体し、霞山会、愛知大学東京事務所（現在、「愛知大学東京霞が関オフィス」に名称変更）等は、ここコモンゲート（愛大は37階）に移ったわけです。

途中で話が飛びましたけれど、我々は軍人会館に一週間滞在し、招見式をはじめ、宮城、靖国神社、新宿御苑等を見学して伊勢に行きました。軍人会館では、女の子が部屋の面倒を見てくれたのですが、その頃、年頃の女の子は、男子とやたらに話をすることができない状況でした。「もうお別れだ。我々は夕方から汽車に乗って伊勢に行くのだ。」と言って、裏の庭で整列していたら、窓が全部開いて女の子がみな顔を出すのです。何をするのかと思っていると、我々に、赤いカーネイションを一斉に投げてくれたのです。私たちは喜んで貰ってこれを胸に飾り、さよならを告げた。非常に忘れがたい思い出ですね。昔はそういうことがありました。

伊勢神宮から京都へ。京都御所、二条城、そういうところを見学しました。大阪の新聞社を見学しましたが、先輩たちが同窓会の歓迎会もやってくれました。それから、長崎に行くのですが、その年の3月に、林出賢次郎学生監（同文書院の2期生で、その年3月に外務省を退官）と、事務員2人の計3人が東京から我々の上海渡航に付き添ってくれました。上海までの移動中、我々一同を引率してくれた学生監は、寮歌、院歌等を教えてくれました。手提げの蓄音機とレコードを持ってきてみんなに覚えさせました。汽車や船の中で、みんな一生懸命覚えましたよ。長崎ではチャンポンを食べましてね。私はあんな大きいものを食べられるのかなと思いながら食べたのですが、胃が痛くなりましたね。

上海の滙山碼頭という所に船が着きました。陸では出迎えの上級生が同文書院の旗を立てて待っていてくれました。そこで、院歌、寮歌の合唱が始まったのですね。我々は覚えたての院歌、寮歌を歌いました。その後、船を降りてバスに乗り、国際都市上海、アジアで最大の国際都市を移動しました。東京なんておよびもつかない状況です。それが今の滙山碼頭からずっと南に行き、南京路からフランス租界の真っ直中を通り、そして西の方へ行きました。

徐家滙同文書院（昔の上海交通大学）の表門は真っ赤な門。その前にクリークがありまして、今はなくなってしまったけれども、それを越えて中に入ると庭が真っ青でした。青々としたきれいな芝生が生えていました。

その広々とした大庭の真ん中に全校生徒が並んでいる。我々新入生も前に並んで対面式をやりました。上級生からはこれから我々を教えるけど「頑張ってやれ。」というような挨拶がされ式が終わりました。その後、我々は割り当てられた部屋に入りました。私が入ったのは、同文書院の新しい寮の東寮でした。当時交通大学は、戦争のため上海のフランス租界と重慶との2カ所に分かれて避難していました。同文書院は外務省と軍部に要請をし、交通大学の1万数千の難民を整理排除し、不足の寮等は建設してありました。徐家滙虹橋路の東亜同文書院は、かつて東京の院長宅に寄寓していた桑野藤三郎によって壮麗な大校舎が建てられましたが、第二次上海事変により、中国兵に三日三晩焼かれて、灰になってしまったのです。それで、一時長崎に校舎を引き揚げたのですが、同文書院の近くに上海交通大学があり、それを借用することになりました。交通大学の借用については、日本軍の駐留軍と外務省の許可を得たのでした。1939（昭和 14）年の末に、東亜同文書院は大学昇格の許可を得て、同年の春からの入学生を受入れました。1941（昭和 16）年から、僕ら 42 期生が入ったのです。1938（昭和 13）年から 7 年間、書院大学はそこにあったのです。戦後すぐ、書院大学に中国政府から接収員がきて校舎を返還せよということになり、本間学長ほか先生方が内部を整理して、財産目録を作り、先方に渡しました。

5．東亜同文書院大学での学生生活

私が初めに入った部屋には、藤原君（神戸在住、のち弁護士）と神谷信之助君（京都の共産党国会議員、死去）、上級生 1 人の 4 人部屋でした。2 階の表側の部屋には、机や本棚が 4 人並ぶようにおいてありました。廊下を隔てて裏側の部屋が寝室で、ベッドが置いてあり蚊帳が吊ってありましたね。上級生と下級生が一緒に入っていた理由は、翌日からすぐにわかるのですけれども、この話は後ほどにします。そして、その日の夜には、各府県別の歓迎会がありました。

庭球部（後列左端が本人）

歓迎会の前、部屋で身辺整理をしているとき、学友会のラグビー部の連中が中に入っ

東亜同文書院大学　徐家滙校舎正門

て来て、「お前ラグビー部に入れ。」と勧誘してきました。僕は身体が小さいからと言ったのですが、「大丈夫、大丈夫。」と言って部屋に閉じ込められました。そのラグビー部に滋賀県出身の上級生で、馬場重定さん(41期) がいて、僕を探しに来られた。僕は「ラグビー部に入れられそうだが、庭球部に入りたい。」と本心を言ったところ、「それなら、俺が話してやる。」と対応してくれ助かったのです。そこから、県人会の歓迎会に行ったのです。そこには大きな老酒の酒樽が2、3個置いてある。そこから、洗面器に老酒を入れて飲めと回し飲みを強要された。洗面器は、何でも洗う、靴下を洗ったり、ふんどしを洗ったりして真っ黒な垢がついている。そこに、ざあーと老酒を入れて「それ飲め。」と何杯も飲まされて、酔っ払いましてね。いい気分になって自己紹介とか詩吟をやっているうちに、本当に酔っ払って、寮歌や院歌を歌って各寮を全部回ったり、寮のガラス窓がみんな割れるや、新入生はみんなコテンパンに叩かれるなど、大変な状況でした。翌日、学生監から「お前達こんな事をしてはいかん」と、ぼろくそに叱られたのを覚えています。僕らは、上級生にお伴しただけだから「はい」と言っていましたが、そういう状況でした。

その年、滋賀県から入学したのは、僕ひとりしかいませんで、しかも、僕は県費生がなく私費生でした。そこで、夏休みに日本に帰省し県庁に行き、「滋賀県は県費生をなぜ出さないのか、昔はたくさん出していたのに制度自体を無くすのは困るではないか。」と文句を言いました。視学官という教育関係者が、「うん、わかった。」と。すると翌年から2人、その次の年は3人、県費生を出してくれました。が、私は私費生のままでした。

徐家滙校舎の院子にて（前列中央が本人）

入学の翌日から物凄い質実剛健の気風の中に根津一先生の教えが浸透していることを知りました。礼儀の正しさ、先輩後輩の親密さ、恥を知る律儀さ、好んで苦難を辞さない道義的勇気などが校風にありました。例えば、上級生が各部屋の下級生に朝夕庭で、中国語の発音を教えてくれる「書院カラス」、というのがありました。今のようにテープがある訳ではないので、下級生にとって発音を覚えるのが一番難しいのです。上級生が朝晩、庭でもどこでもグループを作って「アーアーアーアー」と教えてくれるので、「書院カラス」と言われました。それは、夏休みが終わるまで続くわけですが、そのおかげで後々は何とか自分で独り立ちしてやるようになりました。

生徒は全員寮生活で、先生も、職員もみんな同じ校舎の中に住んでいました。食事は、食堂で飯を食べました。みんな長いテーブルに8

人くらいで座り、テーブルの端には飯桶が置かれ、おかずが並び、味噌汁もありました。下級生は、テーブルの端の方に座り、上級生の飯椀が空になったら「はい、どうぞ。」と、飯をよそって出すわけですね。飯つぎ当番は下級生の仕事でしたね。

書院の外へ出るとき、初めの頃は上級生が連れて行ってくれました。フランス租界や共同租界、日本人の多く住んでいた虹口地区は、北の方にありました。下級生は、地理を大抵知らないから上級生に連れて行ってもらい、飯を食わせてもらったり、酒を呑ませてもらったりしました。その経験から後になると我々も独り立ちし、いろいろやれるようになりました。

大学の近くの十字路の角に「当」と書かれた大きな質屋の広告があり、我々も時々その恩恵にあずかりました。オーバーを入れたり、布団を入れたり、書籍を入れたりして、いくらかお金を借りてくる。それをやったのは下級生が入学して来る時です。下級生が入ってくると上級生が暫く面倒を見なくてはいけないから、質屋に行って金を借りて奢(おご)るわけですね。

その当時大学では、週給というのがありまして、五拾銭の円貨か、一円銀貨を貰うのですよ。私たちは、私費生だから普段からお金がなく、週給が非常に当てになりましたね。公費生、県費生は、相当もらっていましたから、余裕があって当てにはしていなかったと思いますが……。

毎週土曜日の午後、授業が終わる時に当番が教室に金を持って来て、名簿を見ながら金を渡してくれます。それを貰ってまた1週間、我々が息を継ぐために非常に都合がよかった。あの頃、一円あれば十分暮らせましたよ。校外に出て、バスに乗り、飯を食い、映画を観て、喫茶店に入るとか、ちょっとした買い物をするくらいはできました。

先輩と後輩の家族的関係も非常に良かった。上海には同県人の先輩が何人もいましたよ。なかでも、私たちがよくお邪魔した家は3軒くらいありました。

当番は、今週はお前がやれ、来週は俺がやるといった調子でした。時には、先輩の家へ電話を掛けて、「お邪魔してもいいでしょうか。」と聞くと、「今度の週末は空いているから来い。」と言われ、それでみんな喜んで土曜か日曜にバスや電車に乗り、揃って行くわけですよ。上海の一番西南の方に校舎があるので、虹口地区へ行くには、バスか電車で、フランス租界と共同租界を西から東へ横切り、更にガーデンブリッジを越えて、北四川路を電車で北上しました。北四川路の一番北には内山書店があり、我々学生はよくそこへ行きました。戦後そこは銀行になり、2階には魯迅の写真が多く展示してある博物館になっています。先輩の所に行くといろいろ御馳走してもらい、また話をしてくれ、有り難く承って帰ったものです。

旅行はよくありましてね。中国大旅行というのは昔から書院の伝統的行事になっていましたけれども、大旅行以外にも比較的近い所、例えば、杭州とか蘇州、南京とかへ学生同士で遊びに行きました。

運動会は年に1回ありましたが、そこでは仮装行列もありました。そのほか、各クラスで大旅行の学生を送別する演芸会がありました。また、書院生が独自に作った名前でしたが「好的会（ハオダ）」がありました。普段は学内で酒を飲んだらいけない。好的会をやる時は、普通の飲み物、ジュースとかサイダーとか、お菓子や南京豆などを買って来て、同じ運動部の学生が一部屋に集まって「駄平（だべ）った」ものです。好的会の材料は、下級生が校舎の近所の店へ買いに行きます。その他、先述の県人会や先輩訪問等、いろいろな行事がありましたが、どれも忘れられないです。

上海名物の同文書院運動会にて市民の人気となっていた仮装行列。
一番下の写真の中央は絶世の美女に変身した根本君。

学友会規則は1903（明治36）年に制定され、運動部と文化部がありました。書院生は入学すると、全て学友会の会員となりました。学友会は17ほどありましたね。柔道、剣道、硬式庭球、軟式庭球、硬式野球、蹴球、角力、弓道、ラグビー、馬術、陸上競技、籃球（バスケットボール）、水泳、卓球、ボートなんかがあって毎日賑やかでしたよ。

柔道部は、1936・37（昭和11・12）年に西部高専大会で連続優勝し、黄金時代を築きました。1940（昭和15）年、新たに道上伯五段を師範に迎えました。師範は戦後、オランダ・フランス両国に柔道を普及させ、その結果、東京オリンピックでヘーシンクが日本の神永に勝利したのです。また、剣道部は1938（昭和13）年、全国高専大会で優勝しました。更に、硬式庭球、野球、蹴球、端艇（ボート）各部は明治後期から対外試合に花を咲かせました。それから、文化部には、講演部、学芸部、音楽部、その他同好会として、山州会、無我会、尚志会、YMCA、学芸部が所属していました。学芸部は中国問題を研究し、会報「滬友」を発行し、文芸作品の発表も行いました。とにかく、学友会というのは運動部であれ、文化部であれ、毎日授業が終わったらすぐに行くということになっていて、非常に賑やかでした。

ボート部の練習スナップ
（上は右側、下は正面が本人）

私が入校した1941（昭和16）年12月8日に大東亜戦争が始まりました。我々が寝ていたら早朝、サイレンが鳴って起こされ、庭に集合すると、学長から「米英との間で戦争が始まった。なんとか頑張らなくてはいかん。」というような、気合いを入れられました。英語の先生達はすでに動員され、通訳として共同租界の方へ出かけられている。それ以降、シンガポール、ジャワ占領、ミッドウエイ海戦等が続き、我々も緊張しました。

そして、1942（昭和17）年1月には、予科の1年が終わり、17年2月に予科の2年に進んだわけです。1942（昭和17）年9月には予科を修了し、学部に繰り上げ入学しました。1943（昭和18）年10月には学部の2年に入ります。ところが12月には、学徒動員で兵隊にとられました。その前の10月には全員が徴兵検査を受けまして、約

修学旅行で南京・中山陵見学

船で南京へ。
桃源郷を眺めつつ長江を遡る

400名近い学生の大部分が兵隊にとられるということになりました。

私は予科の2年生でしたけれど、このような状況では中国大旅行に行けなくなるだろうと思い、林出賢次郎学生監に、「大学の学生がまとまって行う大旅行はできなくなるおそれがあるから、とにかく、卒業するまでに独りで旅行に行きたい。許してください。」と、頼みに行ったのです。そしたら「よし行って来い。」と許可してくれたのです。

1907（明治37）年に、日英同盟下にあった英国から、ロシア勢力の中国西部への侵透状況を確認するよう外務省に要請がありました。その頃日本人でこんな所に行った人は誰もいなかったのですね。それで、同文書院の院長である根津一先生が、書院第2期生5名に新疆、イリ、ウルムチ、各個別にこのウリヤスタイ、クーロン等の調査を依頼し、林出さん達が出て来られたのです。単身で歩いたり馬車に乗ったりして、7ヶ月いた新疆ウイグルから引き揚げて来ました。そして、北京から東京に戻ってこられました。林出さんは、また、もう1回行くのです。というのは、ここで、陸軍と法律の関係二学校の先生をやってくれと頼まれて、東京に一旦報告した後、イリに 2 年間行き、また帰国したのです。

我々は、大旅行の前に南京と蘇州旅行をしました。1 年生が修了する時ですね。江南の春というのは、とにかく快適で、梅花といい微風といい、全く例えようがありません。船でまず揚子江を遡江して、南京に着きました。初めての旅行で、南京で泊まった旅館では便所に困りましたね。便所が何処だと聞いたら裏にあると。行ったら庭に大きな穴が掘ってあり、上に幅 50 センチくらいの板がしいてあって、丸い穴が開いている。大きいのはみんなそこでしゃがんでやれという。そういう旅館でしたね。小便壷は各部屋にあり、日本の兵隊がそれに飯を入れたという笑い話もありました。

その当時は、同文書院の先輩はどこの領事館にもいました。蘇州には、市川という先輩がいまして、領事ですね。その人は、毎年のことだから慣れており、42 期生全員に、老酒を出して御馳走してくれました。そうすると、僕らの同期で、のちに伊藤忠に入った小島という男がいまして非常に中国語が上手くてね。例の北京語の芝居「京劇」のセリフを上手くやるのですよ。音楽にあわせて、やあやあやあとやって、もう大変な騒ぎでした。ずいぶん飲んで帰って来ました。

6．個人で大旅行

私が行った私的大旅行は、1942（昭和 17）年 6 月 14 日から 8 月初めまでの 1 ヶ月半、そして北支から蒙古へ行き、一時日本に帰り、すぐ上海に戻った旅でした。

6 月 14 日朝、船で上海から青島に向かいました。青島行きの船には、大学の第 1 期生の上級生で、大旅行に行く連中が乗っている。僕は予

徳縣城

科2年生で独りでした。6月15日午後2時、僕は彼らと一緒に青島で降りました。それからは独り旅でした。6月16日に幼稚園等を訪ねたことは先に述べたとおりです。そこから、小学校と青島神社、第一公園、山東路等を訪ねました。

17日、海軍桟橋とか海軍公園、水族館、産業館、中之町等を歩きました。海事協会に2泊。

17日夜、青島から独り夜行列車に乗り、18日朝、済南近くで目覚める。徳州での待合時間中、日本人小学校を見る。徳州の人口約6万人。日本人は城外に住み、人口約2千人。小学校生徒約百名。

そこから石徳線に入ると猛烈に暑い。沿線は広大な黄土平原で、処々馬が廻りながら、井戸水を巻き上げている。石家荘に夜8時頃着き、先輩を訪ね、大旅行中の学生達と食事をいただき東洋棉花の社宅に泊る。石門は、日本人口約1万3千。

19日朝、8時の列車で楡次に向う。途中娘子関の嶮を越えたが、谷川に清冽な水が走り、作物もよく出来ている。この辺は羊が多く、黄土地帯の穴居生活も多い。夕刻楡次に着く。日本人1千人。中国人宿に泊る。南京虫多く、眠れず。

20日、楡次発。正午平遥着。夕方平遥発、夜11時太原の迎賓館に入る。太原に日本人多く、大旅行中の書院生3名に会う。

22日、涼しい。日本人学校、富士校1千3百名。他の一校は1千名。

23日、雑用。

石徳線の車窓に広がる黄土高原

24日午後、太原発、夜汾陽着。朝鮮人経営の旅館に泊る。電灯なく、南京虫に苦しめられる。

25日、9時汾陽発バスで物凄い山道を辿り、午後2時離石に着く。途中、典型的な穴居生活が続く。

水は遠い隣村から運ぶ。バスには、乗客満杯で、身動きできずカメラも活躍できない。夜、離石の警察署長の家の屋根の上にテーブルを広げ煌々たる月光の下で、時々銃声を聞きつつ挙げた酒の味と御馳走の味は忘れ難いものがあります。離石の家は平たい屋根なんですよ。そこにテーブルを置いて、御馳走と酒を広げ飲め飲めと勧める。周りは、城壁で囲まれていて、城壁の外では、時々銃声がしましてね。ここは、危ないところだなと思いながら、御馳走になりました。その時に日本人の三浦という軍

山西省 楡次

曹が居ましたが、非常に中国人に理解の深い人でしてね。中国人からも好まれていたようです。その人の案内で、警察署長に御馳走になったのです。

26日、非常に暑い。三浦軍曹の案内で、城外のケシ畑を見学。夜また飲む。

27日、道路と橋が敵軍の爆薬によって爆破されたので、太原に帰るに帰れない。

28日〜29日、離石で宿泊したのは軍人相手の料理屋。

7月1日、やっと道路と橋の修理が終ったので、トラックの助手台に乗せてもらって、太原に向った。昨夜の雨で、物凄く車が滑り大変な動揺。4時半汾陽に。夕方平遥着。

太原公園

離石附近の穴居群

2日、午後2時太原着。3日〜5日、暫く休む。尻が痛いし、なにもできなかった。南同蒲線の沿線はよく開墾されているが、水が少ない。麦が黄色に実る。

6日、12時太原発。北同蒲線は娘子関に匹敵する山また山の要塞。忻口鎮の激戦地を左に見て、列車は鈍い足取り。我が軍は3週間かけて漸くこれを落した。東の娘子関、北の忻口鎮をもって敵は太原を防いだ。腰掛けが木製で尻の痛いこと夥し。

7日、明け方寒し。6時、大同駅前で朝食をとり、9時発バスで石佛に向かう。本日より10日間、祭日とは知らず。雲崗石窟の石佛には驚嘆すべきものあり。就中、ビュローの可愛い3人の案内嬢は日本語がうまく、徒然なる1日を面白く送る。夕方、大雨あり。バスは来ず、トラックにて帰る。11時発列車、客混みて寝られず、尻は痛し。

8日、11時、包頭に着き、悦来桟に入る。領事館を訪ねる。包頭名物の毛毡工場を見に行く。良質の石炭も出る。当地人口約十万。日本人2千、小学校一校。気候よく、甚だ涼しい。

9日、午前11時厚和(現在のフフホト)着。日本人新旧両城に4千人。駅に夕方来て少し眠る。午後9時40分。張家口に向かう。

10日、正午、張家口に着く。中央飯店に入る。多倫行の切符25円50銭がなく、大蒙公司の尾仲嘉助先輩と通じ、部隊より入蒙許可証入手の申込みをする。尾仲家で夕食をいただき、映画も共に見に行く。ご夫婦に歓迎され、感激の極み。

11日、大蒙公司で昼食をいただき、明後日の朝、多倫行きの車のあることを聞く。部隊本部へ入蒙許可証、写真撮影許可証を受取りに行く。帰途、大旅行の書院4先輩に会い、大水の出た川の様子を見に行き、伊藤先輩を訪ね夕食をいただく。

12日、荷物を尾仲家に預け、帰途、書院4兄（先輩）に会い、大鏡門の長城線を見に行く。明朝、西礼蘭ノールへの車ある由、尾仲家に泊まる。

13日、午前5時、大雨。雨でトラックの荷台の上に乗れず、旅行を断念する。12時の列車で、雨中、7時20分北京着。大使館の柵平先輩家に泊めていただく。

14日、午前、張敬羽を訪ね、ここに泊ることとする。午後、柵平夫人、坊や2人と斎藤博、増雄の両書院先輩と共に北海公園で遊び、夕食をいただき、張家に移る。

15日、小島和雄さんを訪ねた後、中南海公園でボートに乗る。

16日、9時半から5時まで遊覧バスにて、北海、紫禁城、萬寿山、天壇等を廻る。野上先輩と一緒。夕方から小島先輩と清華国、東安市場に行く。大雨あり。

17日、21日北京発釜山行の「大陸」の切符（寝台急行券、約40円）を買う。中央公園で、龍井（ロンチン）を飲み中国人の気分を味わう。夜、前門外をぶらつく。

18日、天橋、小盗児市場を歩く。王府井で斎藤博先輩と一緒になり、棚平家で御馳走になる。（斎藤さんは私の2年上級で、在学中に高等文官試験の外交科をトップで合格しましたが、軍隊に入って病気で亡くなり、惜しいことをしました。）

20日、張家を正午に出る。東安市場に行く。支那風呂に行き、吉本家に泊まる。風呂は身体をすっかり洗ってくれる。耳も洗い、爪も切ってくれるし、とてもよかった。

21日、名残つきぬ北京をあとに「大陸」は朝露の中を走る。車中で伊藤さん、井上さんと知り合う。

22日、北京以北は中国有数の農耕地らしく見えるが、満州国に入ると一段とその色を増す。然るに朝鮮は旱魃で悩んでいるらしく、苗の植えてない水田が多い。京城で伊藤さんが降り、川久保八重子さんが乗り込んできた。釜山に夜10時頃着いたが、昨日より連絡船に乗れぬ人が千人も溜っているため、我々もここで一泊せざるをえない。井上さん夫妻は通し切符があるため、一歩先へ。

私は独りで宿を探すつもりで、暗い釜山の街を歩き出したら、後から川久保さんが着いて来る。宿がないから、あなたに着いて行く。何処でもいいから連れて行ってくれ、というわけで、懸命に宿を探したが、どこも満杯。ようやく小さな宿を見つけたが、四畳半の部屋しか空きはないという。川久保さんはこれでもよいというので、一緒に泊まりましたよ。知らない女の人と泊まるのは僕は初めてだったので、2人の布団の間にタオルを敷いて、これを越えないようにしようと約束して寝ました。

23日、早朝、行列をなして船を待つ。大勢の人で危ないところをやっと乗ったが、船の最底部で、人は多く、暑く、いいことなく話にならぬ。川久保さんは船に弱い。船の上甲板にあげて、弁当やサイダーを買い与えて、随分気を使い、しばらくして下関港に着いた。僕は京都に、彼女は佐賀県武雄の人で、ここでさようなら！

24日、朝、京都着。岡部家を訪ね、東亜海運に立ち寄り、切符の手配をして、6時の列車で水口（滋賀県）に戻る。

ところが、その年の秋、上海で川久保さんにばったり会った。彼女は上海の電話会社に勤めていて、あの時は、お父さんが亡くなったので、武雄での葬式に帰ったが、その後すぐ上海に戻って来たと言う。その日、上海に極東オリンピックという国際運動会があったので、入場券を買うため、列に並んでいたら、向こうから見たような人が来るので、声を掛けたら、あ、貴男ですか、またお会いしましたねと。非常に綺麗な人でした。だけど、僕は学生だし、そのうち軍隊に入らなければならなくなるし、彼女のことは忘れましたが、旅をしていると、こんな風流な話もありました。

質　疑

〔質問〕

大調査旅行と満鉄の調査では、どのような違いがあると感じておられますか。

〔回答〕

勿論、分野や地域が違うことが根本にあったのです。同文書院の中国大旅行は、足で歩いて調べるのが基本であり、徒歩、馬、船、列車等に頼った。危険な状態に遭遇することも多かった。一組数人ずつのチームを作り、各組毎に調査対象と地域を定め、約3ヶ月間、調査に専念したのです。調査結果は卒業論文とされ、その集大成が『清国通商総覧』や『支那省別全誌』何十巻になった。書院における教育として広く知られたのがこの卒業研究旅行である。最高学年生を夏、十数班〜二十数班（一班数名）に分け、中国各地に向けて数ヶ月の旅行をし、帰校後、研究論文が提出刊行された。こうした卒業生の中から外交官、新聞記者、学者、実業家、政治家など異色人材を輩出したのです。

満鉄初代総裁後藤新平の構想に基づき、日本の企業として最初の本格的調査機関が満鉄です。1908（明治41）年調査課として政治、経済情勢の調査、資料蒐集を行い、対象地域も満蒙、中国、シベリア、ロシア、欧州に拡大。さらに、1939（昭和14）年松岡洋右総裁の時、すべての調査研究機関、東亜経済調査局、大連図書館、在外事務所、自然科学系機関を統一的に運営する大調査部として組織されたのです。

〔質問〕

小崎さんが昔住んでいらした青島は、ドイツによって作られたきれいな街ですね。それから、青島ビール等もドイツ人が作った。そのドイツは戦争に負けて日本との戦いを止めたのですか。当時、青島に住んでいたドイツ人はどうやってきれいな青島のまま中国に返してドイツに帰ったのか、どういう生活ぶりだったのかを教えていただきたい。

もうひとつ、石原東京都元知事が、「シナ、シナ」といいますが、シナというのは、歴史上出てくるのではないので、土地の名前なのか、全体的な海岸線の名前なのか、どうなのかを教えていただきたい。
〔回答〕

ドイツ人はどうやって帰ったかというのは、終戦処理がわりあいスムーズにいったのではないかと思いますよ。戦闘は深刻でなく、あっさり日本軍に引き渡して。ドイツ軍の大きな砲台なんかも、きれいに残っているし、あそこでがちゃがちゃやった痕跡は残っていないですよ。だから、すんなりあそこは日本側に返して引き揚げて行ったのではないでしょうか。ドイツ人は独領時代にはたくさん住んでいたが、僕等が居た時は、子供だったけれど、お菓子のバームクーヘンなんか買いに行って。生活を一緒にしていたというよりも、帰っちゃったあと、そういう店が残っていましたけどね。だけど、大部分は、引き揚げて帰って行ったから。大東亜戦争で軍が最後まで抵抗したように頑張ったわけではない。

シナの呼称は「チャイナ」の発音から来ているのではないですか。戦前、日本人は中国のことを「シナ」と一般に呼んでいました。

〔質問〕

小崎さんは、幼少の頃から中国語を話されていたのですか。
〔回答〕

同文書院に入ってからですよ。青島で僕が行ったのは、幼稚園と小学校だけ。小学校は日本語だけで中国語はやらない。同文書院に入ってからやった。小学校には中国人はいなかった。朝鮮人は少しいました。

〔質問〕

同文書院に入った時の根津先生の教えはどういうものでしたか。

〔回答〕

同文書院というのは、僕等が入学したのは、東亜同文書院大学ですが、その前は、東亜同文書院で専門学校でした。東亜同文書院の開校にあたって、創立東亜同文書院要領が発表されて「興学要旨」と「立教要旨」の二つが明らかにされました。

我々が入学した時は小さな小冊子で、「興学要旨」と「立教綱領」を漢文で書いたものをもらいました。それを良く読んで覚えておけという事でしたが、「興学要旨」は、つまり建学の精神ですね。これは、「中外の実学を講じ、中日の英才を教え、一には以って中国富強の根を基て日中輯（友好協力）の根を固む。期するところは、中国を保全して、東亜久安の策を定め、宇代永和（世界永遠の平和）の計を立つにあり。」これは、東亜同文会が主眼とした、日中提携、東亜保全の方針に沿ったものであること。

次にもう一つ「立教綱領」すなわち教育の方針は、その冒頭に、「徳教を経と為し、聖教賢伝に拠りてこれを施し、知育を緯と為し、特に中国学生に授くるには日本の言語文章、泰西の百科実用の学を以ってし、日本学生には中英の言語文章及び中外の制度律令、商工務の要を以ってす、期するところは、各自に通達強立し、国家有用の士、当世必需の才と成るに在り」と強調しました。

書院の教育は、儒学に基づく道徳教育を重視し、このために倫理の一科が設けられて、20年の長きに渡って根津院長が学生に修身、斉家、治国、平天下の道を講じられたことであります。

根津の学問の根幹が儒教であったことは間違いないが、更に禅宗による仏学を取り入れて、この講義は精緻を極めた。「古本大学」の講義内容は、根津院長が残された内容が残っていますが、非常に長いので、割愛します。創立当時の書院が規定する「東亜同文書院章程」は、漢文で書かれており、それは、政治科、商務科の両科に分かれ、修学年限は共に3年である。21期生から四年制になります。それまでは、両科共に高等商業学校、(旧制)高等学校と同等な授業を目指していた。それが、我々が入った大学時代に引継がれていました。

昔から「支那を保全」という言葉は引用しています。

1898（明治31）年の東亜同文会設立時に近衛篤麿公が東亜会と同文会の意見を調停して、設けた綱領にある「支那を保全す」の文言を削除する案を東亜同文会根津一幹事長が明治42年の同会の大会に提案し、若干の意見が出たが了承された。根津先生が示した削除の理由は、日清をめぐる国際関係の変化の中で、綱領の「支那を保全する」の文言は「支那ヲ余ホド下に見タ所の立前」であり、「友邦互ニ助ケ合フト云フ意味デナイト」国際感情として面白くない文言だと指摘しています。それは、日本の権益強化を中国側に一方的に押しつけた二十一ヵ条の要求に反対する姿勢にもつながった。この一件は国家間の対等な関係を基本に考える、根津の国際人としての認識の発展を示すもので、それは東亜同文会の姿勢を形づくっていくと同時に、その後15年間院長を務めた東亜同文書院の精神的な柱ともなっていくのである、と書いてあります。

〔質問〕

東亜同文会の考え方と根津院長の考え方にすり合わせがなされていなかったということですか。

〔回答〕

初めは近衛篤麿公の考え方が強かったのです。だから、体制としてそういうものを重んじるような綱領なり規律をつくっていかなければしょうがなかったのでしょうね。年代が経ち、これは変えなくてはいけないな、という考え方が根津先生の方に深まったと思うのですよ。

〔質問〕

この背景を含めて、東亜同文書院の歴史を教えていただけませんか。

〔回答〕

〈一〉東亜同文書院大学については今申し上げましたように、中国保全の趣旨で根津先生の「書院創立要領」の「興学要旨」と「立教綱領」に学制が述べられています。書院の歴史は、1900（明治33）年に開設された南京同文書院に始まり、1945（昭和20）年に敗戦のため閉鎖した東亜同文書院大学に終わっています。存続期間は満45年、その間に同校で学んだ者は5千名に達しました。

〈二〉書院は初めから租界外の地、つまり、中国領土内に学校を開設した点が他校と異なった特色を持っています。これは、東亜同文会会長近衞霞山公と書院初代院長根津山州が提示した書院創立の趣旨に、時の両江総督劉坤一が共鳴し、総督から支援を受けたからです。

〈三〉東亜同文書院の一つの特色に、儒学に基づく精神教育を重視した点があります。この為、書院の教課に特に「倫理」の一課が設けられ、院長自らが「古本大学」によって人格形成の教育を施したのです。

〈四〉更に書院の特徴として、その運営が国費（補助金）と公費（各府県の派遣費）によってまかなわれていたものの、学生の自主を尊重した極めて自由闊達なものでした。そして、公費による留学生への返還義務がないばかりか、卒業後の就職も全く本人の自由にまかされていたということですね。

〈五〉五つ目が毎年卒業前年の夏に、中国政府が発給する執照（許可証・ビザ）を受けて、中国内地の調査旅行を行ったことです。その報告書は卒業論文になり、その旅行誌を自費公刊するのが恒例になっていた。実学の最たるものでありました。その報告書は、積んで山をなし、その成果は『支那経済全書』や『支那省別全誌』などにまとめられ、中国理解のために大きな貢献をしました。報告書は全てではありませんが、愛知大学に保管されています。一部は北京にある国家図書館に所蔵されています。これは、早く返還して貰いたいと思います。ぼろぼろになって見られなくなってしまうのではと心配しています。

〔質問〕

国費は書院等へどういうふうに入ってきたのですか。

〔回答〕

外務省から入りました。国費というのは、補助金であり、内訳は、本部（調査編集出版費）、東亜同文書院、中日江漢両学校、その他であり、その結果、同文会は「外務省文化事業部」の直接管掌下に置かれることになりました。また、公費は、各府県からの派遣生に要する費用で、派遣先によって金額は変わります。当初から財務的に余裕がなかった同文会にとって、国庫補助金が会計予算の中心であり、1922（大正11）年からは団匪（義和団の乱）賠償金が利用されました。1923（大正12）年以来、「対支文化事業特別会計」から補助金が支給されることになりました。毎年、東亜同文会から学校予算を計上して外務省に出すのです。外務省がOKしたら予算が確定し、その金が届いたのです。

〔質問〕

これがやがては奨学金制度につながっていくのでしょうか。

〔回答〕

日本育英会の奨学金とは、全く別の話です。

学生派遣を要請し、初めは各府県にいちいち演説してまわったようです。同文書院はこういう学校で、今政府は金が無いから派遣元から援助して欲しいと地方遊説をして回ったのですよ。最初にお金を出したのが広島県で、それをモデルに2、3の県が続きました。

〔質問〕

資金源として言われているのが戦時賠償です。中国に対して列強諸国は過当な損害賠償、戦時賠償をしているのですね。日本もそれに便乗してかなりのものを取っているのは事実なのです。その後、これはあまりにも酷すぎるのではないかという批判に、かなりのものを返しているのですね。返し方もいろいろあるのですが、日本は外務省の予算の中に入れ、外務省から東亜同文書院に回る流れもあったのではないですか。中国側から見れば「なんだ俺達の金で。」と、こういう批判が出ていたと思うのですが。

〔回答〕

だから、それはね。中国人を教育するための施設に使ったわけです。自然科学研究所などもつくり、中国人研究者をトップに迎えたりしています。

〔質問〕

根津精神の中に、中日の学徒教育をするということが大きな柱としてうたわれている。しかし途中から日本人だけになった。戦争による要因でしょうか。

〔回答〕

書院には中華学生部がありましたが、満州事変で入学する中国人学生がいなくなってしまったからです。

〔質問〕

中国側が辞退したと考えていいのですか。中国の応募者がいなくなったと考えていいのですか。

〔回答〕

そうではないのです。引き留めたのです、日本は。しかし、向こうが嫌だと、満州事変を起こすような日本の金は受けられない、と全部辞めちゃったのです。だから、中華学生部というのは、20年くらいあって、500人くらい入学したのですが、卒業したのは50名くらいなものです。あとはみんな辞めてしまったのです。しかし、辞めていく学生に対しては､編入先の学校のお世話をしっかりとやっています。その世話をしてもらいたくて辞めていく学生もいました。

〔質問〕

当時アメリカは、賠償金を返す時に清華大学を作ったのです。今トップクラスの北京大学と同じレベルの。アメリカ、欧米人はうまいなと思いますね。

〔回答〕

そうそう。それは、うまいですよ。しかし、欧米人を招いてシンポジウムを開いたことがあるのです。欧米の人達はアホなことをやったと。書院は学生に基礎的な学力をつけるための教育を講じたのに、フランス人もアメリカ人もやっていなかったと。それが日本ではあまり宣伝されていない。我々もシンポジウムで初めて反響を聞いて驚いたものです。だから、欧米の人達がびっくりして、非常にライバル意識というよりは、書院からインパクトを受けていたということです。もうひとついいますとね。上海交通大学との関係もあって、霞山会経由で、愛知大学と共同で中国に残っている資料で物を言う研究会をやりましょう、ということになりました。そこで上海交通大学側が中国にある資料、東亜同文書院関係を含めてそのうちの一部を活字にして送ってくれたものですから、今、愛知大学東亜同文書院大学記念センターの方で翻訳しているのです。それとは別に、我々が上海に行って図書館で東亜同文書院関係の資料を探してきたのですが、その中の一つに、もうみんな満州事変等で転校をしたがる。そこで、東亜同文書院側は、転校先を斡旋するために中国政府と図りながら、いろんな中国や日本の大学を一生懸命探してやるわけですよ。それで、この学生は、どこどこの出身で、今何年生で、これは、なんとかトップ校である南京の中央大学に送り込む。そういう資料が出てきたのです。だから、東亜同文書院は中華学生部の学生を最後まで面倒をみている。

GHQが乗り込んで来て東亜同文書院をどうのこうのけしからん、というのは、そういう情報がなかったからです。丁寧に行く先々まで面倒を見ているのです。

書院にとっては、残念だった。学生が出て行ってしまうから。どうせ辞めるなら中国人の学生にも続けて勉強してもらいたいと。中央大学以外のいろんな大学に渡りをつけて送りだしたのです。そういうことをやっていたのです。

〔質問〕

歴史を知っている人があまりいなくなってしまったのでしょうか。

〔回答〕

観念的なイデオロギーに指導されていたのです。発掘するといろいろ書院の評価されるべき面が出てくると思います。

上海交通大学と東亜同文書院が隣同士であったときは、学生同士は交流していたし、協力していろいろやったりしたのです。その中には、途中から共産党が入ってくるのですね。中華学生部の人達の中にもリーダーになっていった人もいるのです。

それで、中国大旅行まで話しをしましたけど、明治 33 年以降の中国というのは、東亜同文会が出て来た後ですが、色々国際的な問題がありました。義和団の乱、それからロシアの満州進出、それから日露戦争と日本の満州進出、清朝の滅亡、それから中華民国の成立、その後軍閥の抗争、国民党による統一抗争など。それから、国民党と共産党の対立。満州事変より十五年戦争がありました。書院の校舎は 2 度焼かれ、移転は 6 回やっています。そんな中にあっても、東亜同文会は日中間の政治問題に関与しないという方針をとっていた。これだけ、校舎を焼かれても学校は続いたということです。それは、初めから振り返りますと、最初 1900（明治 33）年、南京に同文書院（南京同文書院）が開校し、それが義和団の事件によって上海に移り、1901 (明治 34）年、上海に東亜同文書院として創られました。高昌廟桂墅里校舎が最初です。南京から移った連中はこれに合流します。ところが 1913（大正 2 ）年に第二革命が起きまして、校舎が焼かれ、一旦、大村校舎（長崎県）に移った後、高昌廟赫司克而路校舎に移ります。1917（大正 6 ）年の夏から涂家匯虹橋路の新校舎に移ります。これは、今までの仮の校舎ではなくて、堂々たる新築校舎でした。これが 1938（昭和 13）年、第二次上海事変によって焼失するまで続きます。東亜同文書院の黄金時代ですね。上海事変で仮校舎に移ったのですが、それから 1938（昭和 13）年 4 月に交通大学を借用することになりました。実に 6 回移動しているわけです。

〔質問〕

東亜同文会という言葉なんですが、東亜会と同文会が一緒になってという話ですが、そもそもこの2つはどういう団体だったのでしょうか。親分は誰ですか。

〔回答〕

東亜会は1897（明治30）年の春、福本日南の渡欧送別会上の動議に基づき、陸羯南、三宅雪嶺、志賀重昻、その他が中心となり、機関誌発行と時事問題研究等を決議し、亡命した康有為、梁啓超らを会員として加入せしめた会です。かたや同文会は、近衛篤麿が中心になり、東亜会に1年遅れて1898（明治31）年6月に結成されました。宗方小太郎、中西正樹、日清貿易所出身の白岩竜平ら30名が設立者でした。このグループは、すでに中国で事業を進めており、事業項目として、

一、支那問題研究

二、上海に同文会館を設け、両国有志の協同を図る

三、東京、上海で雑誌を発行する

四、上海の同文学堂を以って両国人の教育機関とする

を掲げ、同文会は同年11月東亜会と合併し、東亜同文会を結成したのです。

7．書院卒業の外交官

1942（昭和17）年当時は、中国には大使館や領事館などがたくさんありました。どこに行っても同文書院の先輩が勤務していましたね。はじめからみると新京、ハルピン、香港、満州里、北京、張家口など、30いくつか公館があったのですが、その中で、同文書院を出て外務省で有名な人というのは、在米大使に若杉要公使（3期）。この人は、太平洋戦争直前に日米交渉を最後まで続けた人です。次が、石射猪太郎。この人は5期ですが、本省の東亜局長、オランダ公使それからブ

ラジル大使、ビルマ大使となった。東亜局長時代、盧溝橋事件が起り、事件拡大に反対し動員反対の嘆願書を広田外相に手渡すが失敗し、更に、「今後の事変対策についての考察」と題する長文の意見書を宇垣外相に提出したが、これも失敗した。それから、堀内千城（8期）。この人は、中国大使、上海総領事、東亜局長を歴任しています。有野学（5期）という人は済南の総領事。山本熊一（9期）は通商局長、アメリカ局長、それから外務次官、大東亜次官も歴任しています。堀内さんとか山本さんとかに僕は戦後お会いしています。こういう人達は中国の中の公館で、はじめ翻訳とか通訳とかをやっていたのでしょうが、大きな公館の大使になっている人は、堂々と国家対国家の重要な交渉をやっていたわけですね。石射さんなんかは前述のようにどうして日支事変なんかを始めるのだと、日本からの出兵に反対する長文の意見書を出しています。

出征前、実家にてオバと
（1943（昭和 18）年 11 月）

8．学徒動員

1943（昭和 18）年の 10 月に教育の非常処置が決められて、学生の徴収兵制度が延期になりました。10 月 25 日から 3 日間、本検査を受けて、殆どの学生が甲種合格でありました。その時、北野大吉学長代理に決まったのですが、これはなぜかというとそれまで学長をしてい

在南京61師団教育隊における経理部幹部候補生
（前から２列目の左端が本人）
（1944（昭和19）年 陽春）

猛訓練のひととき。
紫金山麓にて
（1945（昭和20）年 春）

た矢田七太郎氏と本間教授が二人共辞めたのです。本間学長は学生達の願いにより、翌年２月学校に戻られ学長に就任されました。

ところで、北野大吉さんが臨時学長になられて、それで、すぐに君達は兵隊になるけれどもその前にいっぺん郷里へ帰って両親らに挨拶して来いということで、日本に帰る機会を得たのです。書院生は、上海丸と熱河丸の２隻に分乗したのですね。東シナ海にアメリカの艦船や潜水艦が出没しておったものですから、船足の速い上海丸に乗客が集中したのですね。僕はもたもたしているから、熱河丸に乗ったのです。翌朝の未明にもの凄い響きがあって、敵艦の襲撃を受けたと思って甲板に出たのですが、これは上海丸と御用船の和浦丸とが衝突したのですね。それで、上海丸は沈没するのですが、学生は救命ボートに乗せられ、御用船に全員救出されて、台湾まで連れて行かれたのです。僕らは日本に帰りましたけども、彼らは期日に間に合って上海に帰りました。

私どもは、11月30日には、上海から南京に行きまして、61師団に入ったのです。廬州（合肥）で初年兵訓練を受けて、1944（昭和19）年3月に経理部の試験があり、合格し、南京の教育隊、7月に経理部幹部候補生として南京陸軍経理学校、通称、成賢部隊に入校して、第1期生として卒業しました。これは、紫金会と名付けて今も毎年クラス会を開いております。私はもう1期教育するために、見習士官として同校に残されました。2期生の卒業を見送った後、翌年5月原隊に復帰しました。その時、原隊は南京から上海に移動していまして、私はそこで経理を担当しました。

9. 上海へ引き揚げ

戦争末期で上海も南京も空襲を受けておりました。沖縄攻略の後、米軍が中国大陸沿いに北上することも想定しました。8月8日のソ連参戦、14日、日本のポツダム宣言受諾、15日に終戦になります。その頃の騒然とした現地の様子は省略しますけれど、終戦処理の仕事は多々ありました。

軍は引き揚げて帰国まで自活せよと言うことになったのですが、3ヶ月間の現地自活資金を部隊に手渡しすることにして、横浜正金銀行、今も上海のバンドに建物が残っていますが、そこに現金を取りに行ったのです。地下に現金ばかり積んだ箱がありましたが、それまでは小切手が通用しておったのですが、そんなものは通用しなくなったものですから、一箱2億8千万元が入っている箱を、何十箱かトラックに満載して、司令部に持って帰って、各部隊に支給しました。3ヶ月分ですが、トラックで取りに来いと言うと、みんな車で取りに来ましたけど、こんな大金を扱ったのは後にも先にも初めてのことです。

それで、書院に戻ろうとして、現地除隊をしましたけど、校舎は中国政府側に取られ、書院関係者は虹口青年会館で共同生活をしていました。私は内山書店の裏側の住宅に寄住していました。内山書店は表にありまして、今は銀行になっていますが、2階に魯迅の写真なんかが展示してあります。裏側に千愛里という細い長い入り口があって、ずっと入って行きますと、綺麗な住宅があったのですが、そこで寄留しておりまして、日本へはいつになったら帰れるのか何もわからないし、日本の情勢は何もつかまらない。如何にすべきかみんな真剣に考えている。小岩井先生が青年会館におられたので、小岩井先生に千愛里に来てもらってゼミを開きました。その時、小岩井先生の将来の夫人となる方がみえておりました。多嘉子（たかこ）さんです。

そのうち国民政府中央宣伝部に『対日文化工作委員会』という組織ができ、羅克典、羅堅伯という国民党の若い有力者が出て来まして、私とあと書院生3名が参加することにして中国に残る事にしたのです。これは引揚法人の接収財産（土地、家屋等）を基金にして、日中間の新しい交流を図ろうとする構想から生まれた組織であって、その仕事の為に中国に残留しようとも考えました。しかし、中国の状況は複雑で、事は容易に進まず、私達は1946（昭

創設直後の愛知大学入学時（上）
愛知大学正門にて（中央が本人）（下）

和21）年5月、日本へ引き揚げました。引き揚げても事務所だけは作っておこうということで京都に看板を作り『対日文化工作委員会日本事務所』というのを書いておきましたが、なんら連絡がない。しかし、この時、上海で関係を持った中国人の人達は、後に蔣政権と共に台湾に移り、のちに自分が台北の大使館で勤務するようになった際、仕事の面で非常に協力してくれました。仕事というのはどこで何をするのかわかりません。まさに奇縁というべきでしょう。

愛知大学正門（上にいるのが本人）（上）
愛知大学学生委員長（中央、本人）と委員たち（下）

10. 愛知大学の創設

愛知大学の創設について申し上げます。書院の学業半ばにして陸軍に動員された私は、帰国して終戦後の苦しい生活の中でも、なんとしても学業を続けたいと思ったのですが、小岩井先生から愛知大学の創設に参加せよという要請があって、1947（昭和22）年4月に豊橋に行きました。陸軍予備士官学校の破れ校舎がこれから始まる大学の校舎でした。そして、大学や高専等80校から入学しました。主として外地からの引き揚げ学生でしたが、その中でも書院出身の教授や学生が圧倒的に多かったですね。ゼロからの出発であり、誰も彼も苦労しまし

昭和二二年四月　愛大第一期生

大坪（43）　石野（43）　多賀　本橋　島津　鈴木　金丸（40）　小岩井先生　小崎　小貫　川辺（44）　中村（43）

1947（昭和22）年４月　愛知大学第１期生
（前列左から２番目が小岩井先生、後列左から４番目が本人）

たが、祖国再建の意気に燃えて、新しい大学の在り方を模索しました。小岩井先生達は、大学の創設資金の問題で、随分苦労されておりました。我々も校内で芋を作ったり、雑炊をすすり、破れ放題の寮に住み、荒涼たる校舎で学びつつ、祖国や大学の在り方について侃々諤々の議論をしておりました。

愛知大学の予科の入試は1946（昭和21）年12月に実施され、学部の入試は翌年春に実施されました。私は4月10日に豊橋に行き、試験を受けましたが、小岩井先生から東大同期の伊東隆晴氏の参議院全国区選挙応援を依頼され、即日書院生8名が福井県武生に行き、翌日から10日間、立会演説、トラックでマイク演説、福井駅前のドラム缶上の演説など、猛烈な応援をやりました。小岩井先生も途中で出席されましたが、結局当選することができ、大変喜ばれました。

5月8日、愛知大学入り。9日の学生大会で私は仮議長となり、学内の自治体制作りを急いで進めました。16日には学部・予科合同学生委員会を結成し、22日には全学生大会推進の原案作り。26日には執行委員会で私は学生委員長に推され、柴田射和君が執行委員長となり、28日、執行委員協議会で愛大交歓祭を6月13、14、15日に開催することが決定されました。しかし、2万円がどうしても必要だったことから、7ヶ所へ説得に廻り、31日に全学生会を開き、切符の売却を

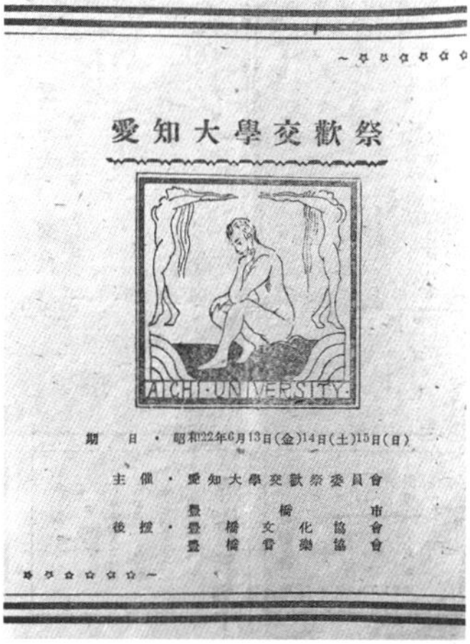

愛知大学交歓祭プログラムの表紙

豊橋市公会堂にて、大盛況であった愛知大学交歓祭の様子

依頼しました。その結果、6月5日には3万円を獲得することができました。

愛大交歓祭は、それまで軍の学校しかなかった豊橋市に、新たに誕生した愛知大学の存在を知ってもらうために企画された行事でありました（主催：愛大交歓祭委員会、後援：豊橋市、豊橋文化協会、豊橋音楽協会）。

13日、児童文化祭街頭演芸（市内各所で紙芝居、人形芝居、ハーモニカバンド等）。

14日、①学生示威行進（文化祭の対外宣伝、市内約五百名）、②学術講演会（市民の啓蒙に市公会堂で小岩井浄、戸沢鉄彦、森谷古己が実施）、③交歓文化祭を市公会堂で行う。青年弁論会一豊橋青年団連盟、東三労農組合青年部、豊橋中学、愛知大学（英語、中国語）で実施、ピアノ独奏及び独唱、ハーモニカ合奏、〈休憩〉演劇「胡蝶の恋」を愛大演劇部、安城女子専門学校文化部が実施、「寮歌合唱」愛大音楽部合唱団。

15日、①交歓体育祭（A、本学内五中学野球大会、B、七女子中学卓球大会、C、十二中学排球大会、D、中学水泳大会、E、中学庭球大会）、②厚生部交歓祭、本学宝探し、バザー等、③各クラス対抗演芸会（本学学部、予科、演芸各種）、④児童文化祭、市公会堂一舞踊、童踊、合唱、劇、ハーモニカ等、人形芝居等。

16日、愛大交歓音楽会、伊藤久男その他、コロンビア軽音楽団、古関裕而。

12日～18日、交歓祭映画会、「暖流」愛大自治会厚生部。

6月12日、学生大会で学生の協力をヤヂリ倒す。

14日、学生の仮装行列は市民を驚かす。小生公会堂の段上より数千の市民に挨拶する。本日の交歓会大成功なり。

16日、税務署にて免税を願い出て成功。2万円浮く。

19日、学生大会で小生辞意を表明したが、保留された。

7月21〜29日、高等文官試験受験。

7月30日、旅行し、富士山、小田原、東京、花巻、水沢、盛岡、十和田、小坂、大館、小諸。

8月24〜26日、福井県武生市家久。

9月15日、登校、学校建設委で自治会運営問題。

29日、委員会で30日の学生大会の議案討議。

10月25日、竹村家に下宿。

11月15日、本学創立1周年。

3月14日、痛飲。

4月4日、卒論「価値論」。

4月7日、帰宅。

私は初代学生委員長に推されて募金活動に追われ、勉強は殆どできなかったのです。しかし、今日成長した愛大が、中国研究において独自の権威を持ち、中国の諸大学と交流の幅を広げているのをみると、やはり書院と愛知大学をつなぐ上で苦労した日々は、無駄ではなかったという思いがします。

1948(昭和23)年3月、愛知大学最初の卒業生13名の中に私はおりました。後は外務省の生活へと続きます。

質　疑

〔質問〕

今、日本寮歌学会の寮歌振興会の神津康雄さんの一族に神津助太郎という人がいまして、宗方小太郎と同期の人ですね。小崎さんは具体的にその人と会って話をされたことがあるでしょうが、いつ頃どこでお会いになったのですか。

〔回答〕

1941（昭和16）年春から始まって、1943（昭和18）年12月学徒動員で軍隊に入る頃まで。その時、上海北四川路の郵便局の北側にある大きなビルに事務所がありまして、あの人はそこに居られましてね。私はよく訪ねて行きましたよ。書院で同期の京都の神谷君とよく行きましたね。

〔質問〕

この神津助太郎さんが1908（明治41）年1月8日付けで東亜同文書院の商業慣習の講師をしている旨の辞令が出ているとどこかに書いてあるのですよ。戦後どこかでお会いになったのですか。あの人は、古河鉱業の2代目上海支店長で、作曲家神津善行の父君。

〔回答〕

戦後会っている可能性はあるけど覚えていないですよ。戦後僕は帰る前に、上海で滬友会の同窓会に出ました。根津さんの法要と、日本に引揚げて我々は東亜同文書院を再興しなければいかんなどと侃々諤々の議論が出ました。さっき言った外務省の公使で上海総領事であった堀内千城氏なんかも来ていましてね、そこでいろいろ話が出た。その時僕は学生ですから、隅っこで聞いていたのですが、いやえらい時代になったなという思いを固めたのですが、そういう時代でした。

〔質問〕

もう一つは、例の中日新聞第56回でしたかね。愛知大学予科に医学進学コースが置かれと書いてありましたが、それは、背景には何があったのでしょうか。農学部とか水産学部なら良く理解できるのですが、同文書院の農工科ですか。しかし、医学の進学コースはなんでここに入ってきたのでしょうか。

〔回答〕

愛大に医学部はなかったけれど、同文書院を出て医者になったのも多々おりますから。僕の同期生で医者になったのがいます。46期の和田さんも医者になりました。

〔質問〕

対日文化工作委員会というのはどういうことをやったところですか。

〔回答〕

在留邦人が多くの財産を持っていたでしょう。それを処分して換金しようとしましたが、売れないで残っている物、建物とか土地とかそういう物を、資金にして、戦後の日中関係を新しい関係に作り直そうと考えたのです。国民政府の中の中央宣伝部が発起人になりましたが、国民党の若手党員、羅克典、羅堅白が賛同者でした。だから僕は大きな赤紙の辞令を貰いましたよ。日中友好ですね。できるかどうか分らない、みんな引き揚げて帰ってくるときでしょう。そういう物を元手にして日中関係を作ろうと。そこにいた若い2人位の国民党政府の有力者がいましたよ。

〔質問〕

中国国府軍と共産軍とは同文書院に対する基本的な考え方や、理解が違っていたのですか。

〔回答〕

ほとんど同じでしょうね、むこうは。国府軍だって終戦の時は書院をスパイ学校くらいにしか考えていなかった。だから、当時の書院批判文は現在のものとはすごく変わっていましたよ。

変わったというのは、むこう側が変わった。こっちは、変わらない。時の流れがそうさせている。書院はスパイ学校ではない。昔、我々がやった中国大旅行調査の報告は、軍事上使うものはどこにもないではないですか。あんなものは、スパイ学校といったらおかしいじゃないかということになってきたのですよね。

〔質問〕

書院の卒業生と建国大学、ハルピン大学、京城帝大等の人たちとの違いは何処にありますか。

〔回答〕

書院は「中国を保全し、その改善を助成する」ことに建学の精神を置いていました。ハルピン学院へ僕が行かなかったのは、北辺の守りだと最初から言われたからね。これはだめだと思いました。

書院は、はじめからそんなことは全然言わない。書院の学生は、最後まで自由な空気の中で育ちました。

〔質問〕

外地にあった京城とか台北とかは帝国大学だったので国内的にやっていたわけですけれど、それも含めて全部外務省管轄だったと聞いています。日本内地は文部省で、台湾も朝鮮半島も大陸も含めて全部外務省管轄でしたか。

〔回答〕

政府の同文会に対する補助金は年額４万円、これから本部費、東亜同文書院費、韓国の諸学堂費、上海の四支部費、同文滬報費を差引いた残額が書院に割当てられた（学生は毎旬1円の小遣銭）。東亜同文会は大学自体が独自の人事権を持っていましたから全く他の大学と違います。

〔質問〕

最初、東亜同文書院は外務省所管だったのですね。大学に昇格してから文部省になったのですか。

〔回答〕

同文会は従来文部省所管法人であったが、1944（昭和19）年、大東亜省主管、文部省共管法人として取扱われることとなります。同文書院は、1926（大正15）年、蔣介石が国民革命軍総司令に就任し、北伐を開始してから1945（昭和20）年の降伏文書調印まで約20年間（あと台湾に移転後も）、国民党政府との対応の中にありました。

〔質問〕

一番縁が長いのは、国民党だと思うのですが、その頃と今とは全く違うと思いますが、どういう関係だったのですか。

〔回答〕

国民党とは、良い関係にありました。1906（明治39）年、日露戦争の結果、日清関係は非常に良く、日本への留学生は8千人（蔣介石、汪兆銘、周恩来等）にのぼり、中国に帰って県知事等、地方行政機関の長になる等日本との関係はうまくいっていました。書院生は毎年中国内大旅行を行った時、卒業論文として「調査報告書」を出し、併せて毎日の日記みたいなもの「大旅行誌」も製本印刷して提出し、誰でも読めました。この冒頭の題字は当時の中国における政・軍界の各首領（孫文・黎元洪・段祺端・粛親王・曹錕等）、更に鄭孝胥、康有為ら著名人の揮毫・墨跡があった。劉坤一は清朝の中の軍人・政治家で、晩年は両江総督、拓産興業政策を説く洋務派で、改革派です。進歩的な政策をとった人ですよ。近衛さんが主張したことと辻褄があったのですね。彼は書院設立の学校の話が出た時はすぐ承諾して支持を表明しました。劉坤一は張之洞（洋務派官僚）と協議し、張は日本への留学生をすぐ勧奨し（孫の留学生を近衛に託して学習院に入れる）、近衛篤麿とも話が合いました。

〔質問〕

戦後霞山会が復活して立ち上がってきますね。これの立ち上げに書院生が大変に尽力をされたという話ですが、何期生の人達ですか。小崎さんは外交官で忙しいからこういうものにはタッチしなかったですか。

〔回答〕

タッチしなかったけれども、霞山会、即ち戦前の東亜同文会は、1946(昭和21)年1月、自主解散し、3月に正式に外務省の認可を受け、所有財産の一部を愛大と滬友会に譲渡します。現在財産は、霞山倶楽部に譲渡し、1948(昭和23)年3月同倶楽部は許可されました。1958(昭和33)年11月には霞山会と改名し、1964（昭和39）年2月霞山会館を取り壊し、9階建ての霞山ビルを新築しました。前述のように終戦直後、上海の梅花忌において、今後の同文書院の再建について協議が行われたが、1946（昭和21）年12月東京において滬友会再建の第1回会議を開き、1956（昭和31）年7月、社団法人滬友会を復活した。この頃、霞山会館に滬友会専用の一室を確保し、両会代表間で協定書を調印した。滬友会では5理事（書院の同窓生）、倶楽部では新理事5名が決定され、協力関係が今日まで続いて来ました。この頃から、すべて書院生が活躍してきました。

第２部　東亜同文書院大学から愛知大学へ、そして外交官として世界を巡る

日　時　2013年10月6日

会　場　長崎県美術館

1．はじめに

小崎です。東亜同文書院大学の42期生であり、愛知大学の第1期生です。今日は東亜同文書院関係の皆様、お父さんが書院生であったり、私と同期の日高（操）君など、多くの方々がおいでになっていて大変嬉しく思います。

長崎は非常に懐しい所です。同文書院というのは、全国各府県から選抜生や派遣生を出しておりましたが、最初、全員が東京に集まりました。1941（昭和16）年は4月8日に、42期生170名が東京の軍人会館に集まり、そこから伊勢、京都、大阪等の行事見学を終え、4月15日長崎に着きました。翌16日、上海丸で長崎を出発、翌日上海に着いたのです。当時日本は最後の平和を楽しんでいた時期であり、上海丸の船上では英米人の旅客と新入生の書院生が英会話を交えていたのを思い出します。

しかし、その年末になると「大東亜戦争」が始まり、翌42年は戦勝気分に浸っていたものの、43年は戦況厳しく、我々学生の徴兵猶予は停止され、12月1日書院大学の学徒出陣が行われました。

書院は予科2年、学部3年制でしたが、42期生の場合、1942年1

月に予科1年終了、2月に予科2年、(南京・蘇州旅行)、42年10月学部1年、43年10月学部2年、(12月学徒出陣) という具合に期間が短縮されました。

2. 東亜同文書院大学の生活

1922 (大正11) 年、私は青島に生まれました。赤い屋根、緑の山、青い海、ドイツが作った非常に美しい街でした。蔣介石による北伐、済南事変等を体験しましたが、小学1年生の時に帰国し、滋賀県の中学を卒業して同文書院に入りました。本命は書院と決めていたのです。

入学日の当日、県人会が開催され、私は汚い洗面器で老酒を飲まされました。その夜の寮回りでは窓ガラスの大半が吹き飛び、翌日学生監から大目玉を食らいました。また、大学正門に近い「杏花村」では上級生から「排骨麺」を勧められましたが、はじめは喉を通りませんでした。しかし、そのうちに美味くてたまらなくなりました。酒も強くなり、寮回りの片棒を担いだりしました。ありがたかったのは、上級生が朝夕院子 (庭) で中国語の発音を教えてくれたり、街案内をして食事に誘ってくれたりすることでした。

質実剛健の気風の中で、上級生が下級生の面倒を見、下級生が上級生に礼を尽くす全寮生活、部 (運動部) 活動の中で生まれる親近感、教室内だけでない教授たちとの人間的触れ合い (家庭訪問)、中国全土にまたがる先輩後輩の家族的関係等、暖かくよき伝統の中で、我々の夢多き青春生活は忘れ難い貴重なものとして育まれました。旅行、運動会、演芸会、好的会、部会、県人会、先輩訪問等々思い出は尽きません。学徒動員のため、我々の書院生活は短縮されてしまいましたが、書院生活が我々の人格に与えた影響は強く大きかったのです。

3．大旅行と先輩たち

同文書院には有名な「大旅行」というものがありました。これは、1期生より終戦に至るまでの45年間、絶えることなく続けられた中国大陸調査旅行のことです。旅行に出た学生数は5,000名にのぼり、その規模の大きさ、その足跡の及んだ地域の広さ、残された尨大な調査記録、そのいずれをとっても、どこの学校もなし得なかった一大壮挙であり、学問的な大事業でした。

書院生の調査旅行は、毎年、卒業前年の夏、中国政府の許可証（執照)を受けて実施されました。数名単位の班が調査項目と地域を決め、約3ヶ月にわたって足で歩いて行った調査報告書は卒業論文となり、その成果は『支那省別全誌』等に結集され、中国理解のための大きな貢献をなしました。これこそ他校に見られぬ書院の一大特長でした。

大旅行が待ちきれなかった私は、予科2年の夏休みに、単身で華北、蒙古方面の旅行に出かけました。林出賢次郎（2期生）学生監の許可を受け、上海から船で青島に渡り、そこから済南、石家荘、大原、臨汾、汾陽、離石、陝西省対岸の黄河流域、大同、興和、包頭、張家口、北京等を鉄道で、鉄道のない所はトラック、馬車等で廻りました。離石では警察署長の家の屋根でご馳走になっている時、城外から銃声が聞こえました。相当危険な地帯もありましたが、命の限界に挑戦するような気持ちで旅を続けました。

一文なしの、行き当たりばったりの木賃宿で南京虫に喰われたり、駅で寝たり、列車の中で中国人と弁当を分け合ったりの旅でした。しかし、いよいよ困った時に頼りになるのは、懐に入れていた書院同窓生の名簿でした。一面識もない先輩でも訪ねていけば、いろいろ援助してくれました。何日でも泊っていけといった調子で、類い稀なる同窓会の絆の強さに心打たれました。

4．在中国公館と先輩たち

私がこの旅行をした1942（昭和17）年当時、中国大陸における大使館、（総）領事館、分館等は38館あり、例えば新疆、哈爾濱、黒河、牡丹江その他にたいてい書院の先輩がいました。

この時期、外務省で要職にあった先輩たちを名簿から拾ってみると、錚々たる顔ぶれです。

石射猪太郎（5期、本省東亜局長、ブラジル、タイ、オランダ大使）、堀内干城（8期、東亜局長、中国公使、上海総領事）、有野学（5期、済南総領事）、若杉要（3期、在米公使）、山本熊一（9期、アメリカ局長、東亜局長、外務次官、大東亜省次官）。

5．学徒動員と軍隊生活

戦争の激化と学徒動員によって私共の運命は変わりました。1943（昭和18）年12月1日に多くの同僚と共に南京の陸軍61師団に入りまして、瀘州で初年兵教育を受けた後、私自身は経理部の幹部候補生として南京の陸軍経理学校（1期生）に入りました。2期生の訓練も終り、3期生の時、原隊へ復帰して師団司令部付主計を命ぜられ、上海の八字橋に向かいました。当時は戦争末期で、南京、上海とも空襲を受け、沖縄攻略の後、米軍が中国大陸沿いに北上することも想定して、呉淞に地下陣地を構築しました。8月8日、ソ連の対日参戦。14日日本ポツダム宣言受託。15日終戦。

私は経理部将校として、師団隷下各隊に、終戦後3ヶ月は自活できるようにと上海外灘の横浜正金銀行へ現金受領に行きました。小切手は通用しないので、現金をトラックに山積みして司令部に持帰り、各隊に受取りに来させました。インフレ時代といえ、トラック満載の現金を一時に取り扱ったのは、この時だけです。

そこで書院に戻ろうとして現地除隊をしましたが、書院（第二次上海事変で放火焼失され、1939 年以降交通大学を租借していた）は中国側に返却手続中であり、書院関係者は虹口の青年会館で共同生活を送っていました。

私は内山書店の裏側の「千愛里」の知人宅で軍服を脱いだのです。在留邦人全員が日本に引揚げ帰国することになっていましたが、引揚船は何時来るのかわからないし、日本の情報は何一つ掴めない。小岩井（淨）先生にゼミを開いてもらったりしましたが､何もわからない。

そのうち、国民政府の中央宣伝部に対日文化工作委員会なる組織が出来ました。これは在留邦人が残した接収財産を基金にして、日中間の新しい交流を図るという構想から生れた組織であり、私はこのために中国に残留しようとしました。しかし、中国の状況は複雑で事は容易に進まず､結局翌年の 1946 (昭和 21) 年 5 月に日本に引揚げました。

6．愛知大学の創設

学業半ばにして動員された私は、帰国後の苦しい生活の中で、何としても学業を続けたい、という強い気持ちでした。そのとき、小岩井先生から愛知大学の創設に参加せよとの要請があったので、1947（昭和 22）年 4 月に豊橋に行きました。陸軍予備士官学校のあとの破れ校舎がこれから始まる大学でした。同文書院を中心に外地引揚げ学生 80 校あまりの学生が入学しました。ゼロからの出発で誰もかれも苦労しましたが、いずれも祖国再建の意気に燃え、新しい大学の在り方を模索しました。先生方は大学創設の資金問題で苦労されていましたが、我々学生も芋や麦を作り雑炊を啜りながら破れ放題の寮に住み、荒涼たる学舎で学び、大学の在り方について侃々諤々の議論をしていました。私は初代の学生委員長に推されて、学内の組織作りや募金活動に追われ、勉強の方はほとんどできませんでした。しかし、今日立派に成長した愛大が中国研究において独特の権威を持ち、中国の諸大学と交流の輪を広げているのを見ると、書院と愛大を繋ぐ上で何がしかの貢献をしたという思いがします。

7．外交官の仕事

⑴ 外務省に入省

1951（昭和 26）年外務省に入りました。当時我が国は連合軍の占領下にあり、外交権はなく、吉田（茂）総理が外務大臣を兼任して講和条約の締結と我が国の独立回復に苦心されていました。その前年に「朝鮮動乱」が起こって、中共軍（中国共産党軍）が参戦したことは米国の危機感を高め、対日平和条約の成立を早める結果となり、サンフランシスコ平和条約と日米安保条約がそれぞれ署名されます。1951 年 9 月署名、52 年 4 月発効です。中国との間では台湾が中華民国政府として日華平和条約を締結し、1952 年 4 月に発効し、国交は回復します。

教育熱心な吉田総理は総理が住む芝白金の外相官邸（今東京都の美術館になってますが）に我々外交官試験合格者を住み込ませ、そこから外務省の研修所へ毎日通わせました。時には食事に招かれて薫陶を受けました。

1953（昭和 28）年、外交官補として在中華民国大使館に赴任したのを皮切りにして、本省や通産省での勤務を交えながら、外国勤務はインドに 2 回、カナダ、シンガポール、ポーランド、モンゴル、それからルーマニアと続いています。入省以来、我が国がたどった戦後の苦難から復興の努力、高度成長期、経済大国化、国際国家への軌跡とそれに伴う様々な問題、責任、役割等の中、自分も共に歩いてきました。

⑵ 中華民国勤務

中共との内戦に敗れた国民党政府は 1949（昭和 24）年末に台湾に移って来ました。自分は 1953（昭和 28）年 4 月から 3 年間同地の大使館で勤務しましたが、その頃は、蔣介石総統が大陸反攻を呼号し、金門、馬祖両島の国府軍と福建省の中共軍の間に砲撃戦がたえず、中共軍が台湾に侵攻する危険性が高まり、台湾海峡に戦雲がみなぎっていました。そこで、米国は米華相互防衛条約を締結して、第七艦隊を台湾海峡に派遣しました。台湾では上海在留時代に知り合った国民党政府の友人たちに巡り合い、海峡を挟んで対峙する国共双方の動きに関わる情報収集等、仕事の面で大いに協力を受けたのです。

我々が上海に抑留されていた時に国府軍の総参謀長であり、上海方面軍司令官であった何応欽将軍は、当時総統府の戦略顧問委員で、中日文化経済会長も兼ねていましたので、時々、ゴルフを一緒にやりましたけれど、非常にスマートな方でした。それから、戦時中勇猛をもって日本軍を恐れさせた湯恩伯将軍は農夫然とした好々爺で、基隆へ魚釣りに連れて行ってくれました。蔣介石の無二の親友で、総統府の秘書長をしていた張群さんとは時々食事を一緒にしましたけれど、彼は陸士（陸軍士官学校）留学時代に生卵や冷や飯を食べられるようになったそうです。中国軍は、戦場でも熱いものを食べようとして、鍋や釜を持ち歩くけれども、これでは日本軍に勝てないというような話をしていました。私は蔣介石総統、宋美齢夫人にも時々お目にかかりました。

台湾在勤において忘れられないのは、日本の国連加盟問題です。1955年の国連総会で、ソ連はモンゴルを含め日本を除く16カ国一括加盟案を提出、西側は右の案に日本、スペインを加えた18カ国加盟案を提出、国連舞台裏の激しい工作によって18カ国案は実現しそうに見えました。ところが中華民国は、米、日からの懸命の働きかけにもかかわらず、モンゴル加盟絶対反対の方針を変えず、拒否権を行使し、18カ国案はつぶされました。これを見て、ソ連は日本・モンゴルを除く16カ国案を緊急上程し、米国は直ちに16カ国に日本を加えることを提案しましたが、ソ連が拒否権を行使。結局、2カ国は加盟し、日本は落ちました。1956（昭和31）年10月に日ソ共同宣言の署名があり、日ソ国交が回復しましたが、その翌月の11月に日本の国連の単独加盟が実現しました。サンフランシスコ平和条約発効後4年半、戦後11年目のことでした。ソ連ではスターリンが死亡し、フルシチョフがスターリン批判を行っていた頃であります。

当時、台湾では大使館、商社、新聞社等に書院の同朋が多く、台湾出身の同窓も多かったですね。例えば、私と同期の彭桂嶺、周文福、楊清輝、43期の張渓祥、16期林伯奏と44期林仲秋の父子等々。時々同窓会が開かれました。大使館には清水董三という我々の先輩がおりまして、当時は参事官だったのですが、後に公使になりました。中国文化の造詣が深く、書画の達人で、その当時、すでに今日の中国大陸の姿を予見しておりましたことに感服しています。台湾ではゴルフを始めました。淡水クラブの陳金獅プロからレッスンを受けましたが、陳さんは、その温厚な人格と適切な指導によって、今日の台湾プロの隆昌をもたらした生みの親です。後に日本に帰化した陳清波プロにも教えてもらいました。いつの日か、思い出の淡水に行って陳さんに会い、ゴルフをやってみたいと思っています。

⑶ インド勤務

1960（昭和35）年10月から3年間、カルカッタ（現コルカタ）総領事館で勤務しました。この年は日米安保条約改定で国会周辺が騒然とし、内閣が代わり、池田（勇人）首相が所得倍増計画を打ち出して、ケネディ米大統領が選出されました。インドでは中印国境紛争が続いておりました。1962（昭和37）年10月に中国軍が東部、西部国境で全面攻撃を行い、東部アッサム州内深く侵入したので、インド側は震え上がりました。その頃、ソ連がキューバにミサイル基地を建設していることが発覚して、米国はこれを阻止するためにキューバの海上封鎖を行い、米ソ間は一触即発の危機を迎えましたが、ソ連が攻撃兵器

在カルカッタ領事館での日本人会
（右から２人目が本人、４人目が国塚一乗氏、
左から２人目が根岸忠素氏、中央が日本のインド総領事）

を撤収したため、危機は収まりました。

パールという判事が東京裁判で日本の無罪論を主張しましたように、インドは心情的に前の大戦を理解しようとしていました。特にカルカッタ出身でインド独立のために日本軍と協力して戦ったチャンドラ・ボースは国民的英雄として尊崇され、ベンガル地方の人々はボースが死んだことを決して信じようとしませんでした。このボースと共にインド独立国民軍をシンガポールで編成し、ビルマで戦った国塚一乗さんが当時カルカッタにいました。その名著『インド洋に架ける橋』は映画化もされました。国塚さんは現在神戸でまだ元気でおられます(2015年死去)。

マドライにて
(1962(昭和37)年3月、右端が本人)

カシミールにて(1963(昭和38)年8月)

カルカッタには25期の根岸さんという三菱商事の支店長と、同期で42期の石川君という日綿支店長がおりました。また、そのころ、シンガポールに小磯(日本鋼管)、香港に姫宮(中日新聞)がいて、出張の都度会うことがありました。

カルカッタの在勤中に皇太子殿下(現平成天皇)ご夫妻が2回(1960年、62年)、インドを訪問され、池田総理の訪問もありました。我々はいずれの場合もその受け入れ体制を準備するのに苦労しました。皇太子殿下は魚類の研究で有名な方です。「マシイア」という珍しい魚をご所望になりまして、インド政府に頼んでみたのですが、いつまでたっても返事が来ない。結局自分がヒマラヤの奥の渓流まで行って探す破目になり、その稚魚何十尾かを日本へ空送しました。殿下が2度目のご来印の時、その魚のことを伺ったら、あれは残念ながら死んでしまったということで私もがっくりしました。先年東宮御所へご挨拶に上がったとき、両殿下から茶菓を頂戴しながら、ご訪印時のあれこれの話を申し上げたところ、両殿下も興味を示され、思わず長居をしてしまいました。

インドでは科学技術協力についての仕事が多かったですね。日本政府による資金援助と専門家の派遣によって、工業プロトタイプ・センターを建設運営したり、多くの州に米作農業センターを作ったりしました。さらに酷熱の不便な地方にもしばしば出かけ、インド側との接衝をしました。

今でも忘れられないのがブータンに対する協力です。ブータンはインド東北部にある王国で、北はチベットに接する小国で、当時はまだ鎖国状態で、外国人の入国はインド政府の規制もあって難しい状況でした。たまたま、カルカッタにエリザベス女王が来られまして、州知事公邸でパーティーがあったときに日本の褞袍（どてら）のようなものを着た坊主頭の異様な人物がいました。講談に出てくる三好清海入道

ブータンのドルジ総理と

開発調査団に参加
（ブータン西部のパロにて）

開発調査時の野宿風景
（中央にいるのが本人）

馬に乗り、ブータンの各地方へ調査活動を行う

といった感じです。聞いてみるとブータンのドルジ首相だと言います。カルカッタには私邸があってよく出て来るとのことで、それから親しく交際するようになりました。私は日本酒をぶら下げて行って炭坑節を教えたりしました。その美しい夫人と妹さんがいました。ブータン人は日本人そっくりの顔つきで、特に親しみやすいのです。

そのうち、ドルジ首相からブータン開発に日本の援助を得たいという相談がありました。外務省に要請したところ、プラント協会から各種の専門家７名からなる開発調査団を派遣することになりました。自分も調査団に加わりブータンに入りました。一行は９名でした。ブータンの西部のパロまでジープで入りました。ジープも通らないような谷底にかかる道でしたけれども、やっとパロまで行って、そして、そこを拠点にして機材、テント、食糧等を運ぶキャラバンを組んで、馬に乗って各地方へ出かけました。野宿、自炊を重ね、1ヶ月近い調査を行いました。4,000メートル級の山が多いブータンでは、峻険な断崖沿いの狭い道しかありません。馬が跳ねたら千尋の谷底行きです。命がけの旅行でしたが、それでもようやく調査を終わって事後に報告書を提出しました。それにはまず農業開発を取り上げるべきだということが勧告されておりました。それで、日本政府からブータン農業開発援助が行われるようになりました。

私はこの数年後に外務省の技術協力課長に配置されましたので、ブータン援助には特に配慮しました。ブータンに農業専門家として派遣された西岡さんという方が、爾来24年間農業改革に努力され、その近代的農業はいまや驚くほど浸透し、農産物や果物の輸出も行われる

シッキム皇太子結婚式に正装して出席。この正装で貴族扱いされた
（1963（昭和38）年3月）

にいたりました。西岡さんにはブータン貴族の称号が与えられ、ブータンは今や、大の親日国になっています。ブータンの首都ティンプーの王宮でお目にかかった王妃は、ドルジ首相の妹さんで美しい人でした。のちに子供さん達を連れて来日されまして、お目にかかりましたが、その時のかわいい坊やが今や凛々しい国王です。ブータンは1971年に国連に加盟しました。現在国内開発はおおいに進んで、外国人観光客も受け入れております。惜しいことに、ドルジ首相は私がインドを去りました翌年、暗殺されました。彼の開明的政策に反対する保守派がやったことじゃないかと思っています。

ブータンと共に忘れがたいのはシッキムです。ブータン西隣のシッキムは、インドの保護領でした。両国の王室や貴族は親戚関係にあったので、私は次第にシッキムの人たちと親しくなりました。このシッキムの皇太子、のちのナムゲル王が米国人のホープ嬢と結婚することになりました。世界的な話題となって首都ガントクのラマ教寺院での結婚式に自分も招かれたのです。

首都ガントクにてシッキム皇太子の結婚式の様子

ガントクに行く途中、ヒマラヤのカリンポンにあるドルジ首相の別荘に一泊しました。そこへ数名の米国人女性がやってきて、その事後行動を共にすることになりました。彼女たちはボストンのラドクリフ女子大生で、ホープ嬢の同級ということでした。結婚式は世界の各地からいろいろな人が招かれて、連日連夜祝賀の宴と、ダンスパーティーが開かれ、シャンペンが山のように抜かれました。ここで、女子大生たちにその頃流行り出したツイストを教わりました。

世界の高峰カンチェンジュンガがそびえるシッキムは、折しも春たけなわで（1963年3月）、桃源郷を謳歌しておりました。しかし、小王国の悲しさで、シッキムは1975年、王政を廃止されインドに併合されます。後日談になりますけども、私がルーマニアに勤務しておりました時に、その時のカープという米国大使にシッキムの話をしたことがあります。驚いたことに、王妃になったホープ嬢はカープ大使の親戚だそうです。国王が亡くなった後に、２人の子どもを連れて米国に帰り、現在ニューヨークに住んでいるという話でした。

⑷ カナダ勤務

1963（昭和38）年10月在カナダ大使館に転任になり、オタワで生活することになりました。暑い国インドから寒い国カナダへの転任でありました。

インドもカナダも広大な国ですが、すべてが対照的でした。インドには古い歴史と文化があり、７億の人口が多岐にわたる人種、言語、宗教、カースト制等と多くの貧困層を抱え、複雑な社会を構成し、「多様性の中の統一性」を保っています。これに反し、カナダの歴史は新しく、英仏系を主体とする人口2,400万の移民国家ですが、豊かな地下資源に恵まれ、世界有数の農林産国、西側第７位の工業国であり、国民所得は非常に高いのです。

カナダに赴任して間もなくケネディ米大統領が暗殺されました。カナダ人の女子職員が泣きながら知らせに来ました。この事件は米国のみならず、世界に衝撃を与えました。ケネディにはヴェトナム戦争前の米国の古き良き時代を象徴する颯爽たる指導者の風格がありました。その前年キューバ危機のとき、一戦をも辞せずとの決意を示すことによりフルシチョフの野望を挫き、彼の人望はいやがうえにも上がっていました。彼の死はあらゆる人に惜しまれました。

カナダ大使館では、政務広報文化を担当し、当時わが国は所得倍増計画が軌道に乗りまして、戦後の荒廃から立ち直って先進国に追いつけ、追い越せと、経済の発展に総力を挙げて努力しつつあった時期で、ようやくソニーとかホンダとか、松下の名前が世界に知られ始めていました。上を向いてがむしゃらに走っていた時代で、1964（昭和39）年に新幹線が開通し、東京オリンピックが開催されました。このような状況の日本に各国の関心が高まり、カナダでも各方面から日本の実情を知りたいという要望が多くでていました。日本側としても、その発展ぶりを売り込む必要があったため、私は日本紹介の講演にしばしば出掛けました。行く先はロータリークラブ、キワニスクラブ、学校、婦人団体、教会、その他様々でした。広報映画を併用することも多かったですね。

当時、中ソ対立、中ソ論争が先鋭化していた時代で、後に自分が駐在することになったルーマニアが自主独立外交の立場を固め、中ソ間の調停を試みるなど、チャウシェスク書記長が東欧の一匹狼的存在を最も誇示した時期です。日本と北京との外交関係は無かったので、北京に特派員を出していたカナダのグローバル記事を東京に報告することもありました。カナダの首都オタワはセントローレンス川の支流オタワ川に面し、人口43万の静かで美しい都市です。周囲には酪農地帯や針葉樹林が広がり、初夏には昔オランダから贈られたチューリップが華やかに咲きあふれています。国会議事堂は英国のそれに似た典雅な建物で、その前庭で行われる衛兵の交替式は観光客の人気の的になっています。秋にはカナダ名物の紅葉が息を和む程美しく、市の内外を彩っています。ゴルフやスキーも楽しめる、非常に良い街です。

カナダではよくドライブ旅行をしました。西部のカナディアンロッキーは千変万化の見もので、バンフやジャスパーなど憩いの地があります。東部の大西洋側は牧歌的な和やかな風景を展開します。カナダの女優作家モンゴメリの『赤毛のアン』の舞台となったプリンス・エドワード島には、その作品を書いた家が残っております。カナダ東部から米国のメーン州にかけては大きなロブスターの産地で、いたる所にエビ料理屋があります。道端で子供が立ち売りもしています。ニューヨーク、ワシントンにも車でよく行きました。夏休みの10日間で、米国縦断ドライブ旅行をしてオタワからトロント、デトロイト、シカゴ、セントルイス、ニューオリンズ、マイアミまで南下し、そこからテネシー、ケンタッキー、アパラチア山脈を戻ったら、ちょうど8,000キロでした。

⑸ 東京勤務

1966（昭和41）年初めから東京での生活に戻りましたが、病気のために、その後8年間も日本にいたことになります。その間、中国で文化大革命が進行、1971（昭和46）年中国の国連加盟、1972（昭和47）年に日中国交正常化がそれぞれ実現しました。

帰国と同時に経済協力局に配置され賠償の仕事をしました。わが国は戦争の償いとして1950（昭和25）年にビルマ（現ミャンマー）、フィリピン、インドネシア、ベトナムと賠償協定を締結して、3,643億円の賠償を支払うことになり、1976（昭和51）年に完済します。カンボジア、ラオス、中華民国、インドは賠償請求権を放棄しましたけど、前2者、つまりカンボジアとラオスには我が国は無償援助を供与しました。これらの賠償は受け取り側の経済発展と、社会福祉増進に役立つことを目的として、現金ではなく役務と生産物で供与しましたが、その実施調査のために諸国の辺境へも出張しました。

次いで経済協力局、技術協力課長に配置されました。外交活動には各種分野がありますが、経済協力の分野は戦後輩出した新国家、その多くは開発途上国に対する外交活動の不可欠の分野になっています。技術協力課は専門家の対外派遣、外国人研究者の受入れ、機材供与、開発調査と協力、海外青年協力隊の派遣等を行うもので、外務省最大の予算と人員を持ち、その実施機関である海外技術協力事業団（のちに国際協力事業団）を主管しました。非常にやりがいのある仕事でしたが、多忙と過労が重なって病気で入院する羽目になりました。

病気療養後、文化事業部の文化第二課長に転じました。わが国は諸外国と文化協定を結び、文化混合委員会を開催し、文化交流を推進しておりますが、文化二課では、文化人の派遣と招聘、日本研究の振興、日本語教育の普及、外国人留学生の受入れ、青少年交流、在外公館の文化事業の振興等を実施しました。文化二課自体が、企画兼実施機関でありましたので、著名な文化人、芸術家、学者、スポーツ専門家等が連日二課に来られまして、外務省の中では珍しい華やかな雰囲気が漂っていました。しかし、文化交流の事務があまりにも多く文化二課だけではできないというので、1972（昭和47）年にその実施機関として国際交流基金が設立されました。

海外転出の話が出てきましたが、健康に自信がなかったので、国内勤務を希望したところ、通産省へ出向しろということになりました

(1970年)。通産省では1956年に通商局で仕事をしたことがあるので、2回目の出向です。ポストは繊維雑貨局の繊維雑貨輸出課長です。当時、繊維交渉は日米間の最大の政治問題となっていました。その渦中に飛び込んだのです。1960年代後半から繊維が日本の日米貿易摩擦品目として登場し、後に佐藤（栄作）内閣が「糸（繊維）で（沖）縄を買った」と言われるほど沖縄返還交渉と絡み、繊維交渉が熾烈を極めました。

米国議会の圧力によって、ニクソン政権は繊維輸出規制協定の締結を強く求めていましたが、日本の繊維業界（繊維産業連盟）は、これを絶対に反対、交渉は難渋しました。沖縄返還を悲願とする佐藤内閣にとって、繊維問題は経済から政治の次元に移っておりました。しかも米国議会の動きは急で、米国が一方的規制を強行する恐れが出てきたので、我が国の業界（繊維産業連盟）は先手を打って、輸出自主規制を行うことにしました。その作業に取り掛かり、自分も参加しましたが、毛、麻、化合繊、縫製品（綿は別途）等の各分野の細目の輸出枠を設定する仕事は困難を極めました。ようやく決定し、1971（昭和46）年3月、繊産連は対米輸出自主規制の実施を宣言し、保利官房長官は政府によって、問題解決を期待する旨の談話を発表しました。しかし、ニクソン大統領は直ちにこれを拒否する声明を発表し、協定締結を強く迫りました。沖縄返還を求める日本政府は、米国の圧力に屈せざるを得なくなりました。この年、10月、ケネディ米大統領特使が来日し、田中（角栄）通産相との間で政府間協定を締結することにつき、合意が成立しました。これに基づいて、私は直ちにワシントンに出張し、約2ヶ月間にわたって毎日国務省で交渉を続けました。この間、日本から繊産連の督戦隊が来て、我々交渉団と同じホテルに泊まりこんでおりました。ようやく、翌1972（昭和47）年1月、日米繊維協定が調印され、長い交渉に終止符が打たれました。

1971（昭和46）年は、繊維で大荒れした年ですが、国際情勢においても大きな変動がありました。いわゆるニクソン・ショックとドル・ショックです。ニクソンの対中関係正常化がキッシンジャー国務長官によって秘密裏に行われ、7月、突然我が国の頭越しにニクソン訪中計画は発表され、続いて、米国の中国国連加盟支持が表明されました。更に8月、ニクソンは金・ドル交換停止、10％の輸入課徴金等8項目のドル防衛策を発表し、わが国経済界にショックを与えました。日本政府は直ちに円の変動相場制移行を発表しました。ベトナムでは米軍の「北爆」が続き、中国では林彪事件が起こりました。繊維交渉による過労で私は再び倒れ、入院、手術することになりました。その後、外務省研修所の首席指導官を務めました。

⑹ シンガポール勤務

1974（昭和49）年2月、シンガポール大使館へ公使として転出をしました。シンガポールは1819年以来、英領植民地となり、中継貿易港として、英軍基地としての英国植民地支配の中堅になっていました。戦後、シンガポールは英自治領からマレーシア連邦傘下を経て、1965年に独立しました。淡路島に等しい小さな島で、人口250万にすぎないのですが、リークワンユー（李光耀）首相（客家出身）の指導宜しきを得て、東南アジアで最も繁栄する交通、海運、工業、金融、観光の中心になっております。人口の75％は中国人で、ほかはマレー人、インド人、ヨーロッパ人。言語は英語、中国語、マレー語、タミール語等が公用語となっております。

自分が赴任した頃は、戦時中の日本軍による中国人虐殺に対する決済問題がまだ尾を引いていましたけれども、知日派の李光耀は積極的

シンガポールの日本人会にて（左端、本人）

な対日接近策をとり、日本をモデルにするよう国民に呼びかけ、新しくジュロン工業団地を開発し、外国の資本、技術の導入に熱心でした。日本側の協力、石油精製工場（建設）が決まったのも、この頃です。その後、日本企業の進出は非常に増えました。在留邦人は 8,000 人を超え、日本人学校の生徒は 1,400 人以上になりました。

当時の国際情勢の大きな変化は、北越（北ベトナム）の南越制覇により、ベトナム戦争が終結したことです。これは東南アジア情勢に大きな影響を及ぼすとともに、米国に深い後遺症を与えることになりました。他方、欧州の平和共存を模索する東西 35 か国は、長い交渉の末に歴史的なヘルシンキ文書に調印しました。

シンガポールで忘れられないことは、日本のタンカー祥和丸がシンガポール海峡で座礁し原油が流出して、安全確認のため大使館が総力をあげて働いたことです。しかも続いてタンカー土佐丸が同じ海峡でリベリアのタンカーと衝突、沈没したのです。このためインドネシアやマレーシアからわが国に対し補償要求が提出され、またマラッカ海峡の安全航行確保のため、海峡周辺諸国と緊急手段を講ずる必要に迫られました。この海峡は中東と日本の間を往復するタンカー銀座になっていたのです。

日本赤軍派によるシンガポール石油施設の占領や、マレーシアにおける米国、スウェーデン両大使館の占領事件が起きて、その解決に苦労したことです。日本人学校の校舎の建設、これも苦労しました。それまで日本人学校は旧英軍兵舎を借用していたのですが、シンガポール政府から明け渡しを迫られ、急遽土地を探し校舎を新築しなければならなくなりました。期限は2年、資金集めが難題でした。学校運営委員会をしばしば開き、募金計画を練り、現地進出企業に募金を割り当て、その本社へ大々的に働きかけました。かくてまがりなりにも初年度に資金の目途がつき、2年目に辛うじて校舎を建築することができました。

シンガポールでは、中山一三という36期の日商岩井の支店長がおりまして、中国側や華僑と非常につながりがありましたれども、数年後に惜しいことに亡くなられました。西願寺守君（43期生）はシンガポール柔道を強化し、また後に日本人会の事務局長として活躍しました。同君とはボルネオのサバ、サラワクを旅行しキナバル銅山、コタ・キナバル、サンダカン（サンダカン八番娼館）等を訪ねました。クチンにいた日商岩井の吉川績君（43期）が、珍しい首狩り族の集落へ案内してくれました。またインドネシアのメダンに出張した時には、同期の今野君がスマトラにいることを同地の領事館で聞き、文通することができました。シンガポールは清潔で緑の美しい島で、その中心に54ホールの変化に富んだゴルフ場があり、ゴルフは随分堪能しました。同期の西君が日本からやって来て一緒にプレイしたこともありました。

⑺ ポーランド勤務

1976（昭和 51）年、ポーランド大使館公使になりまして、5 月ワルシャワへ着きました。共産圏勤務は初めてであり、暗い雰囲気を想像して行ったのですが、初夏の日差しの下で空港から市内沿道にビキニ姿の美女たちが大勢肌を焼いているのを見て明るい印象を受けました。ポーランド人は非常に開放的で、日本人に対して特に親近感を持っております。それは日露戦争によるところが大きいのです。『ポーランド懐古』の歌にあるように、ポーランドは 1795 年から 1918 年までロシア、プロシャ、オーストリアの三国に分割され祖国を失っていました。その分割時代の 1905 年、日露戦争でポーランドにとり不倶戴天の敵であるロシアを日本が痛撃したことと、ロシア領内のポーランド人が満州に送られ日本軍と戦わされたけれども、捕虜となって日本の収容所で受けた待遇は当時世界に冠たる日本武士道による情けあるものであったこと、この二つが重なり合って、日本人は立派な国民だという意識はポーランド人の中に今もあります。

ポーランド人の歴史は亡国の悲劇と、戦争の惨禍に満ちています。第一次大戦の結果、1918 年にポーランドは独立を回復しますが、1939 年ナチス・ドイツのポーランド侵入が開始され、西部はドイツ、東部はソ連に分割される。第二次大戦中、東西よりの攻防戦とナチスの「死の収容所」での大量虐殺によって 3,000 万人のポーランド国民のうち 600 万人が死んだといわれております。今でも「アウシュビッツ」とか「マエダニク」の収容所は元のままの悲惨な形を留めております。

第二次大戦後ポーランドはソ連によって、他の東欧諸国と共に社会主義体制の箍（たが）をはめられました。しかし、ポーランドには他の社会主義国と違う点が二つあります。第一は国民の 90％が熱心なカトリック教徒で、教会の力が非常に強いこと（1978年ヴァチカンの新法王にポーランド人のヨハネ・パウロ二世が選出された）。第二は農地の私有制が認められおり、農民の80%が個人農であること。さらにポーランドからの移民は欧州各国に多く、特に米国では600万人（シカゴには100万人）がおります。米国の政、官、経済界に多くの有力者を出し、ポーランド、米国関係は極めて親密です。ポーランド分割時代にナポレオンによってワルシャワ公国（1807～1815）が作られたこともあり、ポーランド生まれのショパンやキューリー夫人はフランスに移って名を成しました。ポーランド人は心情的に西欧を志向し、社会主義体制に拘束されることを嫌い、遠慮なく政府を批判する点は他の東欧社会主義国とは全く異なります。さればこそ1980年労組「連帯」の自由化運動が燃え上がり、時のギエレク政権を倒し、政局二転三転の後、ようやくヤルゼルスキー政権が現在の収拾をもたらしたのでした。

ポーランド在勤時代に中国では、周恩来、毛沢東の死去、四人組の逮捕、鄧小平の復活、四つの近代化の決定、中ソ友好条約廃棄、中国軍のベトナム攻撃、ソ連軍のアフガン介入といった事件が続きました。

ポーランドでも、ドライブ旅行をよくしました。ポーランド北東部の湖沼の多いマズール地方では、森林の中にヒトラーの対ソ侵攻「バルバロッサ作戦」の司令部であった大要塞を発見して驚きました。この辺りはドイツの代名詞のように思われているプロイセンの本拠地で、13世紀から16世紀にかけドイツ騎士修道会がその領地としていたところであったから、ヒトラーは特別の執念をもったのかもしれません。休暇には車でよく西欧諸国を旅行しました。ワルシャワから西ベルリンかウィーンへ出るのに1日かかります。そこから西独、オーストリア、スイス、イタリア、オランダ、ベルギー、フランス等の各地を訪ねました。これらの思い出は尽きません。

⑻ インド勤務

1980（昭和 55）年春、マドラス総領事に転任しました。インドは 2 度目の勤務です。マドラスは、1640 年にイギリスの東インド会社が占拠し、基地として発展した港町です。前回の在勤時に比べれば、インドも相当発展していましたが、人口は増え続け、貧困が大きく、諸々の困難な問題を抱えているという点については変わっていませんでした。

ガンジー首相は次男のサンジャイに後としての望みを託していましたが、政治的野心に満ちたサンジャイが飛行機事故で亡くなり、その後ガンジー首相も暗殺されました。そして、政治に全く関心がなかったインド航空のパイロットをしていた長男のラジブが首相になったのですから、世の中は分かりません。

日本政府が年々供与した、円借款により交通、通信、発電等インドのインフラ整備に役立ちました。民間セクターでも日印合弁や技術提携の件数は相当多かったのです。マドラス在勤時に、インド政府が産業規制を多少緩和する方針をとったので、従来できなかった乗用車や家電等について日印合弁の話が進展し、また広大なインド市場に着目して日本側からの商談が急に増えてきました。南インドの各州には日印友好協会があり、定期的集会が行われていましたが、その活動はなかなか盛んでした。南インドの人たちは北インドよりも人なつっこいところがあり、家庭的な付き合いもしていたので、今も友人関係が続いています。

⑼ モンゴル勤務

1982（昭和 57）年、モンゴル特命全権大使に任命され、ウランバートルに赴任しました。私たちの学生時代には、モンゴル、蒙古という言葉には、多感な青年の夢をそそる一種の響きがありました。書院の寮歌にも蒙古がしばしば登場します。書院生のとき､単身（中国の）内蒙古まで入ったことは上述しましたが、外蒙古には到底入り得ませんでした。それ以来、蒙古の奥深くへ入ってみたいという思いは消えませんでした。

今回は北京発の国際列車（モスクワまで6日間）で赴任しましたが、ウランバートルまで30時間かかりました。空路もありましたが、中ソ対立の激化した1963（昭和38）年以来閉鎖されていました。学生の時は京包線に乗って終点の包頭まで行きましたが、今回も同じ路線を八達嶺の長城を越えて集寧まで走り、そこから分かれて北上しました。40年ぶりに見る沿線の風景には懐旧の念、禁じ得ざるものがありました。中国とモンゴルの国境の二連を越え、皚々(がいがい)たる（白色の）ゴビの大平原に入ったときは、一種名状し難い感慨に打たれました。

現在のモンゴルはジンギスカンが生まれ、育ち、元朝の基礎を築いた故地であります。世祖フビライ時代まで、ユーラシア大陸に跨る史上空前のモンゴル大帝国が出現したのですが、その壮大な歴史も今は当時の首都、カラコルムの遺跡にわずかにその影を留めるに過ぎません。モンゴルは二百余年に渡って清朝の支配下にありましたが、清朝末期、内外蒙古を一丸とする汎モンゴル独立運動が激化しました。しかし、清朝の支配力の強かった内蒙は、分断されたまま中国に残り、外蒙がソ連の援助によって、ようやく1921年独立を達成し、1917年のロシア革命に次ぐ世界で2番目の社会主義国となりました。

モンゴルは基本的には牧畜国ですが、第二次大戦後、数次の5カ年計画により工農業生産も増大しました。その中で、日本の無償経済協力により建設された世界最大のカシミア製品工場が貴重な外資獲得に貢献しています。モンゴル人は、体制は異なっても、日本人と同じアジア人としての親近感を持ち、種々のプロジェクトについて日本側の協力を求めております。今は日本の相撲協会にモンゴル人の力士がわんさといるのはご存じの通りであります。モンゴル民族は、ジンギスカン以来の遊牧騎馬民族の伝統を持ち、競馬、弓術、相撲に長け、毎年7月の革命記念日にはこの3種目の全国競技会が行われます。中でも圧巻は、数百頭が一堂に参加する30キロの競馬です。しかも乗り手は6歳から12歳までの少年少女、手綱さばきも鮮やかに丘を越え、原野をよぎる世界最大最強の競馬、さすがジンギスカンの末裔なるかなと舌を巻きます。

書院時代に果たせなかった、わが旅への思いはモンゴルでつなぐことを得ました。モンゴルで外国人に開放されているのは、ウランバートル以外の3カ所の観光地に過ぎませんでした。自分は努めて許可を得て、広大な国土の辺境まで旅行しました。アルタイ、ハンガイ、ハルヒラ等の山々。フブスブルグ、ウブス、ヒルガス等の湖。セレンゲ、ホブド、ザブハン等の川。深い針葉樹林。エーデルワイスの大草原。黄塵万丈のゴビ砂漠。そこには飽くまでも深く広い天地自然の原始がありました。

⑽ ルーマニア勤務

1984（昭和59）年9月、特命全権大使を拝命し、ルーマニア勤務を命ぜられ、ブカレストに赴任しました。ルーマニアでは21年間、チャウシェスク大統領が厳しい中央集権的独裁政治をやっておりましたが、ソ連圏の中にあって対ソ独立自主外交を展開した実績があります。1960年代初めにコメコンの経済統合計画に反対したり、中ソ対立の調停を試みたり、ワルシャワ条約軍の自国領通過を認めず、またその演習にも参加せず、1968年の「プラハの春」に対するソ連軍出動に反対し､1979年のソ連軍のアフガン駐在を非難し､1984年のロス・オリンピックに共産圏から単独参加するなど、ソ連一辺倒の東欧社会主義国の中で際立った自主性を発揮しました。しかし、最近は国際情勢の基礎変化のため、その自主外交が有名無実化しつつあります。これはゴルバチョフの登場によりソ連自体の動きと関係改善の努力が始まり、核軍縮についての米ソ首脳会議が行われたことによります。

ルーマニアは周囲をスラブ民族に囲まれたラテン民族国家です。なぜそうなったかというと、西暦106年以来しばらくこの地がローマの植民地だったからです。異民族の侵入に耐えられずローマ軍が撤収した後、1330年にワラキア公国、1365年にモルドバ公国が建国されるまで歴史上の空白期間が続きます。しかし、両国は14世紀末から強大となったオスマン・トルコの宗主権下に入り、1859年の両国統一を経て1877年の露土戦争でトルコが敗れ、ルーマニアが独立を獲得するまで、約400年トルコの統治下に苦しみました。他方、トランシルバニアはハンガリーの統治下にあったが、第一次大戦でハプスブルグ家が崩壊したため、ルーマニア王国に併合され、1918年念願の「大ルーマニア」が実現しました。

15世紀中葉にルーマニア南部のワラキアを統治したヴラド・ツェペシュ（串刺公）は、ルーマニアの独立を守るためにオスマン・トルコと果敢に戦いましたが、自分に敵対する者はすべて串刺しの刑に処しました。その残忍性とルーマニアの吸血鬼伝説を結びつけ、1897年英国の作家ブラム・ストーカーによって「吸血鬼ドラキュラ」という物語が創作されました。彼の肖像や石像はルーマニアの縁の地に多く残っています。

ルーマニアの自然は美しい。夏は避暑地、冬はスキー場として賑わうカルパチヤ山脈のシナイアやブラショフ。牧歌的風景のトランシルバニア。美しい紅葉、僧院で有名なブコビナ。中世的風景を残すマラムレシ。夏の保養地が連なる黒海海岸。ドナウ・デルタの水郷等々。ルーマニアの自然は現実生活の厳しさとは裏腹に、四季折々の変化に富み、まことに明るく美しい。1987年のことでした。

8．霞山会

霞山（かざん）会というのは、戦前の東亜同文会（上海の東亜同文書院を経営していた団体）の後身で、現在、虎ノ門の霞が関コモンゲート西館37階にあり、同階に愛知大学の東京事務所（現在、「愛知大学東京霞が関オフィス」に名称変更）もございます。会計検査院の上ですね。外務省の霞関会と時々間違えられますが、霞山というのは終戦直後に亡くなられた近衛文麿首相の父君、近衛篤麿公（貴族院議長、学習院院長、枢密顧問歴任）の号で、明治30年代初め東亜同文会の会長となられた同公爵の号を記念して、戦後、会の名前としたものです。

東亜同文会は上海に東亜同文書院を経営したほか、漢口、天津にも日中両国学生のための学校を経営し、月刊誌『支那』の発行や、講演会を開くなど、いろんなことをやっております。東亜同文書院の卒業生の活躍ぶりについてはよく知られています。

現在の活動は、中国との間に留学生の接受、派遣、中国語教育、日本語教授、定期講演会、研究会など、いろんなことをやっております。それから、月刊誌『東亜』、これはわが国における、ほとんど唯一の中国関係の総合雑誌でありまして、政治、経済、文化などについての専門教育者の論文等をおさめております。霞山会の現会長は近衛霞山公の令孫の近衛通隆さんです（2012年2月11日他界される）。

東亜同文書院虹橋路校舎

第 22 回東亜同文書院記念基金会授賞式

第３部　東亜同文書院記念基金会受賞時の記録

第 22 回東亜同文書院記念基金会授賞式が 2016（平成 28）年 1 月 22 日、霞山会館（東京霞が関コモンゲート西館 37 階）にて催され、第 22 回記念賞に小崎昌業（まさなり）氏が選出され、表彰されました。

この顕彰事業は、東亜同文書院記念基金会によるものであり、その目的は、東亜同文書院およびその経営母体であった東亜同文会にかかわる研究や調査成果、および啓蒙的活動のうち、顕著な実績を認められた個人、団体や組織を顕彰するものです。東亜同文書院記念基金会を構成する滬友（こゆう）会（書院同窓会。2007（平成 19）年解散）、霞山会、愛知大学東亜同文書院大学記念センターからの推薦により同理事会において選出しており、1993（平成 5 ）年の第 1 回表彰以来、第 22 回目となります。これまで、書院生の大旅行に関する研究成果や東亜同文会の資料に基づく研究、東亜同文書院や東亜同文会の出版物のデータベース化事業、東亜同文書院生や卒業生による日中交流に関するメディア報道、その他日中交流の活発な活動などの成果に対して顕彰しております。

小崎昌業氏の記念賞における推薦文、および授賞式でのご挨拶を紹介します。

【推薦文】

佐藤元彦（愛知大学教授（前学長・理事長））

東亜同文書院大学の第 42 期生であり、愛知大学（旧制）の第 1 期生でもある小崎昌業氏は、これまでの生涯を懸けて東亜同文書院（大学）、そして愛知大学のためにご尽力され、その足跡は、今回の東亜同文書院記念基金会記念賞授賞に十二分に値する、否、授賞は遅きに失したと申し上げても何人も抗することはできないであろう。

小崎氏のご功績は、多岐にわたって、しかもいずれも深みを極めており、容易にはまとめられないが、今回の授賞に際して、三つのことを申し述べさせていただきたい。一つは、東亜同文書院大学、そして愛知大学をご卒業後に外務省に入省されてからの外交官としてのご活躍である。カナダ等でのご在勤の後、在シンガポール大使館公使、在ポーランド大使館公使などを歴任され、特命全権大使としてモンゴルおよびルーマニアにてご活躍されたご功績は、燦然と輝き続けている。愛知大学のその後の卒業生や現在の学生にとって大きな目標になり続けてきたという点に心から敬意を表したい。

第二に、ご自身が教育を受けられた母校、特に東亜同文書院大学をこよなく愛し、母校愛とはどのようなものかを身を以って社会に広く示し続けられたことも、尊敬に値する。この点が集約して表われていると申し上げたいのは、東亜同文会の歴史のとりまとめに奔走された点であり、特に2003(平成15)年に財団法人・霞山会から刊行された『東亜同文会史・昭和編』の刊行には大きな足跡を残された。同書の編集責任者としての労をとられたご功績は、今後も末永く人々に顕彰され続けるであろう。東亜同文会の昭和初期の活動は、様々な誤解や批判が向けられる中で、「侵略とは無縁な日中間の真の提携に努力する活動があった」にもかかわらず、人々に知られてこなかった。前書に相当する『東亜同文会史』(1988(昭和63)年に財団法人霞山会から刊行)が明治・大正編に事実上なっていた一つの理由は、「戦争と敗戦という異常な状況にあったため、資料には散逸、消失しているものが多く」、誤解や批判も相まってそうならざるを得なかった、と了解されるが、そうした制約や困難をあえて乗り越えようとして、同書のとりまとめに渾身の力を込められたことは、広く後世に知られ続けられるべきである（「　」はいずれも同書の小崎氏による「あとがき」より）。

このことに関連して、藤田佳久・愛知大学名誉教授がその著『日中に懸ける』（中日新聞社）において、昭和期のことではないが、新たに収録された資料によって、同書が刊行されていなければ、東亜同文会設立時にその綱領に目的として記載された「支那を保全す」の文言を、友邦互いに助け合うというのではなく下に見るという意味合いであるから、削除すべきという提案が根津一氏によってなされ、同会で了承されていた事実も明らかにならなかった、と指摘していることに、改めてここでふれさせていただきたい。

さらに、同会の後身とも言える財団法人霞山会を、理事として11年（うち9年は常任理事）、顧問として12年のいずれも長きにわたって支えられてきた点も付言したい。

そして、第三は、愛知大学を東亜同文書院（大学）と結びつけ、愛知大学にそのあるべき姿を示し続けてこられたという点である。愛知大学に東亜同文書院大学記念センターが設立されたのは1993（平成5）年であるが、設立直後にそれを記念する形で発刊されたブックレット『東亜同文書院大学と愛知大学』に掲載されている「愛知大学の原点は東亜同文書院大学―その建学精神の継承と発展―」（この論稿は、もともと第47回愛知大学入学式（豊橋会場）に際しての記念講演の記録）において、小崎氏は、愛知大学創設の過程を東亜同文書院大学との関係において書き始め、そして最後の提言を「皆さんは、日本のみならず国際社会に貢献できる人となってほしいのであります。愛知大学はそのような人材を育てる大学だと思います。御健闘を祈ります。」と締めくくっている。愛知大学の今日の重点施策の一つはグローバル人材の養成であるが、これも、小崎氏が長年にわたってそのことを私たちに説き続けてこられたからこそであると言える。

この点に関して付言すれば、小崎氏は、愛知大学の監事を1995（平成7）年12月からの7年半にわたって務められ、大学の発展に大きく寄与された。また、東亜同文書院（大学）時代の現地に根差した教育というDNAを背景にして愛知大学現代中国学部により1997（平成9）年以来毎年実施されている「現地研究調査」の最終報告会に欠かさず出席され、学生を指導いただいてきた。加えて、東亜同文書院大学記念センター主催により海外を含め各地でこの間14回にわたって開催されてきた「東亜同文書院大学から愛知大学へ」の講演会・展示会にも、必ずといってよいほどに足を運ばれてきた。まさに「実践の人」でもあることに重ねて敬意を表し、推薦のことばとさせていただきたい。

【授賞式挨拶】

川井伸一（愛知大学学長・理事長）

この度は、第22回東亜同文書院記念基金記念賞を受賞されました小崎様に心よりお祝い申し上げたいと思います。小崎様は、まさに愛知大学の建学の精神を体現されている方ではないかと思っております。愛知大学は、建学の精神に、終戦直後という当時の状況を踏まえて世界平和に寄与する人文学術の興隆と人材の育成を目的として設立されました。それに併せて、当時の特殊な使命として提起されたものが三つあるのですが、その一つは、すなわち国際的な教養と視野を持った人材の育成でございます。もう一つは、中央への偏在に対して地方の文化学問を興すということです。この観点から豊橋の地を創立の場に選んだという経緯がございます。

小崎様は東亜同文書院大学第42期、愛知大学の第1期の卒業生ということで、ご卒業後も長い間外交官として国際的にご活躍され、その後霞山会でのご活躍、さらには愛知大学に対し多大なご貢献をされました。特に 1993（平成 5）年に東亜同文書院大学記念センターが愛知大学に設立されて以来、多大なご協力とご支援をいただいており感謝申し上げます。また、東亜同文書院大学を一つのモデルと言いますか、その精神を継承するということで 1997（平成 9）年に現代中国学部が設立されました。その現地教育、特に現地調査研究の学生による成果発表会に、小崎様は毎回現地に赴いて出席され、いろいろとご指導をいただいております。

小崎様は内外にわたるご活躍の幅の広さ、積極的な行動力、それを支える堅固な意志をお持ちになられている、というのが私の率直な印象でございます。ご高齢の中ご健康で活躍されておられることに、大変敬服しております。愛知大学にとってかけがえのない貴重な存在でいらっしゃる小崎様が、引き続いて東亜同文書院大学の歴史の記録作業等を含めましていろいろご活躍いただきますよう願っております。以上をもちまして私のご挨拶といたします。

池田　維　（霞山会理事長、オランダ・ブラジル 元全権大使、元交流協会駐台湾代表）

この度は小崎様、記念賞を受賞されまして心からお慶びを申し上げます。釈迦に説法ではありますけれども、霞山会、東亜同文書院、愛知大学というのは歴史的にも非常に強い絆で結びつけられていた関係がございます。私自身も霞山会の理事長になりまして去年の 11 月、中国、台湾の関係機関の人たちへの挨拶を兼ねまして、一週間をかけて北京、上海、台北を回ってまいりました。上海へ行きましたときに上海交通大学の学長とも会う機会がありましたが、この交通大学というのはまさに東亜同文書院の元々あった場所だということで、大変感慨深いものを感じました。小崎様につきましては、外務省の先輩であられ、私は小崎大使と呼んでおります。東亜同文書院大学、愛知大学ご卒業後に外務省に入省されまして、モンゴル大使、ルーマニア大使等のポストに就かれ、外交面で大変ご活躍になりました。その後霞山会にお入りになられて、霞山会の理事、常任理事顧問というかたちで、約 22 年間の長きにわたりまして仕事をされました。そしてその中で日本と中国との交流事業、特に日中間の教育の事業に多大な貢献をされました。そういう意味から言いまして、本日の受賞というのはまさに小崎大使の御功績にふさわしい賞であると考えております。日中関係を振り返ってみますと必ずしもいい時期だけではございません。色々な起伏がありますし、これからもまたいくつかの起伏を経ながら私たちは仕事をしていくということになると思います。小崎様は、先ほど川井学長からもご紹介がありましたように愛知大学の学生たちが中国を訪問して発表会に参加するというような時に、ご自身も直接参加なさいます。これからも引き続きご健康でご活躍されますよう心からお祈りを申し上げて、私のご挨拶にかえたいと思います。

小崎昌業〔記念賞受賞者〕

皆さん、朝早くから私ごとき者の授賞式にご参加いただきまして誠にありがとうございます。私はこの受賞のお話を伺った時に自分のような者がどうして受賞するのだろうか、受賞に値する仕事は何もやってないのに、と思った次第でございます。でも、皆さんから強い希望をよせられてありがたくいただくことにしました。本当に皆さんのお力添えで今日の私ができあがったことを厚く御礼申し上げます。東亜同文書院大学と愛知大学のことについて申しますといくら時間があっても足りません。本当に歴史と共に私は生きてきた、と考えている次第でございまして、元を溯れば中国・青島で1922（大正11）年に生まれました。その中国・青島で多くの日本近現代史の嵐のような中で暮らしてまいりました。それから引き続いて、東亜同文書院大学、愛知大学と引き続き勉強をさせていただいたのです。途中、大東亜戦争があってそれを中断されることになりました。しかし、その後、何とか元の思いを引き継いでこの学問だけは続けたいと思ってきたわけでございます。振り返りますと、先ほど以来先生方がおっしゃったように、本当に色々なことに参加させていただいたことは、私にとって本当に言葉に表現できないような嬉しさや、喜びが生まれております。外務省を終わってから霞山会で仕事を始めたとき、中国大陸の隅々まで歩いた次第でございます。まだ今でも歩き終わらないので、自分が生きている限り中国大陸の隅っこまで歩きたいと考えている次第です。申し上げることは山ほどあります。しかしこれに費やすことがいくらあっても足りません。本当にありがとうございました。命の続く限り、同文書院、愛知大学、霞山会のために尽くしたいと思います。よろしくご支援のほどお願いします。ありがとうございました。

東亜同文書院虹橋路校舎

1940 年代の上海バンド風景

第４部　“愛知大学の前身”東亜同文書院大学

１．東亜同文会・東亜同文書院大学の今日的意義

東亜同文書院を創立経営したのは、1899（明治31）年、近衛篤麿を会長として結成された東亜同文会です。同会は、当時の西欧列強の中国侵略を憂慮して、「支那（中国）の保全」、「支那及び朝鮮の改善助成」等を会の綱領に掲げ、日中提携の人材養成を目的とする教育・文化事業に全力を注いだのです。

東亜同文会は、先ず1900（明治33）年南京に南京同文書院を創立したのですが、義和団事件勃発のために、これを上海に移し、翌1901年上海に開設した東亜同文書院に併合したのです。

ここで東亜同文書院の思想的源流となったのは、荒尾精が1886（明治19）年、岸田吟香の支援により開設した漢口楽善堂での活動であり、その活動方針（1888年、明治21年）である。また、同文書院の嚆矢となったのは、1890（明治23）年、荒尾が根津一と共に上海に創立した日清貿易研究所でした。

かくして、1945（昭和20）年の終戦で閉鎖された東亜同文書院大学で、日中関係を主軸とする実業・外交・報道等各界に卒業生約５千名を送り出したのです。そして、その翌年上海から引揚帰国した同文書院の教員・学生を基幹として11月に愛知大学を創立し、同文書院の伝統と遺産を継承することになりました。

2．東亜同文会の思想的源流

明治新政府をとりまく国際環境には極めて厳しいものがありました。隣邦中国に対する西欧列強の侵略はアヘン戦争以来続いており、朝鮮半島を巡っては、日清間、日露間の衝突が生じ、その背後にロシア勢力の介入がありました。これに注目していたのが荒尾精で、荒尾は陸士を経て参謀本部員となり、清国行きを強く志願しました。それが実現したのが 1886（明治 19）年、陸軍中尉 28 歳の時であり、3ヵ月の在清任務を終え帰国した後、退役を許され、日清貿易研究所設立に専念します。荒尾が陸士で 1 年上級の根津と知り合ったことが、その後の日清貿易研究所から東亜同文会へと発展する思想的系譜の源流となりました。根津の渡清が実現したのは、1890（明治 23）年でした。荒尾が漢口を活動拠点としたことにより、（奥地に散在していた）宗方小太郎ら 10 数名が直ちに荒尾のもとに集まり、「楽善堂」の改組が断行され、活動方針が決定されました。

その方針は、①ロシアが清国に勢力を伸張することを防遏する。②漢民族を助けて、その華命運動を助成する。③東亜経綸の準備として必要な人材育成のために上海に学校を設立する。④ロシアの東侵を防ぐため浦敬一をイリに派遣すること。この構想は 10 年後の東亜同文会設立にあたり、その綱領「支那ヲ保全ス」となるのです。

「楽善堂」の同士たちが中国の奥地に入り、命がけで調査した資料は、日清貿易研究所時代、根津の寝食を忘れた努力によって『清国通商総覧』に編集のうえ、1892（明治 25）年には出版され、世界的な注目を浴びました。

また、荒尾が 3 年間の清国駐在を終えて帰国し、参謀本部に提出した『復命書』（1890 年、明治 23 年）は、的確な情勢分析として高く評価されているが、その中で20年後の辛亥革命と清朝転覆をはっきりと予告しているのです。

1889（明治23）年に帰国した荒尾が軍籍を離脱し、「東方通商商会」と「日清貿易研究所」の設立にとりかかったが、その資金調達は困難を極めたので、前者の設立は後日に譲り、後者の設立に奔走しました。暫く全国から集めた学生150名を上海の「研究所」に送り込んだが、内定していた補助金が打ち切られたため、荒尾は改めて金策に奔走せざるをえず、漢口にいた根津を呼び寄せ、代理所長として、研究所の混乱処理に当たらせたのです。

「研究所」は1893（明治26）年6月、3年間の学業を終えた第1回卒業生89名を送り出したが、資金難と日清戦争により閉鎖されました。

研究所の出身者の殆どは、日清戦争に通訳者として従軍し、その中の9名は敵情偵察の任務についたが、捕えられて処刑されました。

3．荒尾の思想と理念

「復命書」は荒尾の在清報告書であり、清国の現状についての基本認識を示すもので、後年東亜同文会結成に当たって制定された綱領主意書の原典ともなりました。「復命書」は⑴清国の廟謨（国是)、⑵内治の腐敗、⑶人物、⑷兵事、⑸欧州四大国（英仏独露）の対清策、⑹(伏字6文字)（清国に対する日本の方策についての意見具申)、荒尾の進言は、清国内の「反政府勢力」(中華民族）の決起を期待し、これを援助することによりました。

荒尾は1894（明治27）年10月に、日清戦争処理の構想として「対清意見」を発表しました。その中で清王朝の前途はないと見限るが、中華民族に対しては高い評価を与え、政府内にも在野にも人材がいることを述べています。戦局は我に有利と判断しているものの、戦後処理に恨を残さぬことに腐心し、講和について欠くべからざる3大要件を提示しました。「対清意見」は、我が国内では賛成論よりも反対論が多く、つまり荒尾の寛大な意見に反対し、戦勝国として領土と賠償を求めるのは当然としました。

ここにおいて荒尾は1895（明治28）年3月、「対清弁妄」、副題は「対清意見に関する疑問に答ふ」を発表し、第1に中華民族は元来堅忍不抜の資質があることを説き、「大声疾呼して日中協力団結」を訴え、第2に日本が領土割譲を実現するならば、列強がこれを黙認する筈がないとし、これに代わって「三要款」を提出しました。その第1は「朝鮮の独立と東洋の平和を安固にする盟約」を清国と結び、第2に「清国民に我国対清の真意を知らしむること」、第3に「日清通商条約の改訂」であります。しかしこの達見も俗論を動かずに至らず、関東州は三国干渉により清国に返還され、台湾の割譲と賠償をみることとなり、荒尾が憂えた東亜百年の禍根を残しました。

しかし荒尾の志は、3年後に東亜同文会の創設の理念として受け継がれることになりました。荒尾の志に共鳴した近衛篤麿は、漢口楽善堂、日清貿易研究所以来の同志、門弟達と相謀り、「支那保全」の大幟を高く掲げて「分割反対」運動に成果を上げ、更にロシアの満州、朝鮮併合の野望を粉砕しました。

4．近衛篤麿と荒尾精、根津一（三先覚）

東亜同文会設立の目的は、民間機関として日清両国の友好親善関係の樹立増進の指導役となろうとするものであり、その綱領に「支那の保全」を掲げ、具体的には「支那の改善を助成する」としました。これは両国関係を「唇歯輔車」の運命共同体であると認識し、西欧列強の侵略を防ぎ、その保全を期するため清国の「自立自強」を助成しようとするものでありました。

この興亜思想の源流は、近衛の1888（明治21）年から5ヶ年の独墺留学において見聞した、インド、シンガポール等での西力東漸の実態、人種対立の現実に遡ることができるのです。このような近衛の思想が日清戦争後、いよいよ激化した西力東漸に触れて凝縮したのが東亜同文会の結成であり、近衛の思想形成の先達になったのが荒尾と根津でありました。

しかし、東亜同文会が設立された1898（明治31）年に荒尾は既に亡くなっており（1896（明治29）年ペストにより台湾で客死）、また根津は京都に隠棲していました。それにも関らず、近衛、荒尾、根津の三先覚が一体視され、東亜同文会設立の基本理念の源流が荒尾、根津に求められるのは、会の設立に参画、奔走した人達が漢口楽善堂及び上海日清貿易研究所において荒尾、根津と寝食を共にし、直接その薫陶を受けた人たちであったからです。

京都若王子にある壮大な荒尾の追悼記念碑建立の発起人は近衛であり、その碑文は近衛の撰であることからも、いかに両者の関係が緊密であったのかが知られます。東亜同文会の法灯を守る財団法人霞山会、滬友会（東亜同文書院大学同窓会）及び愛知大学の関係者は、今も毎年三先覚の命日にはその菩提寺に集い、祭祀を行っています。

5．東亜同文会の創立とその綱領

1898（明治31）年11月2日、東京神田において東亜会と同文会が合併し、近衛篤麿を盟主として、東亜同文会が結成されました。両会合併のきっかけは、政府補助金の獲得であり、また合併に当たって綱領を巡る論争が行われました。それは「変法自彊」運動に敗れて清国から日本に亡命して来た康有為、梁啓超らを会員とし、また孫文らの清朝打倒革命派を支援する「東亜会」に対し、「清朝を援助して列国の分割を防ぐべし」と現状肯定の立場をとる「同文会」の主張が対立したからです。「同文会」は綱領として「政党外に立つ」ことを掲げ、また会員には現に中国で各種事業経営する者が多かったのです。

この両者の主張の対立は、近衛の指導により「支那の保全」ということで妥協が成立し、東亜会の会員になっていた中国人は「会友」として待遇することになりました。

かくて東亜同文会の綱領は、一、支那を保全す。一、支那及び朝鮮の改善を助成す。一、支那及び朝鮮の時事を討究し実行を期す。一、国論を喚起す。と決められ、会の性格を決定する上で、中国の一党一派との特別の関係を避けることが不文律となり、中国政治の動向に左右されず会として長く命脈を保ち得たのです。

6．当時の中国情勢

東亜同文会が結成されたのは日清戦争から3年目のことであり、この間の、中国を巡る東亜の激しい情勢変化が日本の識者に危機感を招き、同会の結成を促しました。即ち、アヘン戦争以来、西欧列強の中国侵略が続いていたが、日清戦争によって、大清帝国の更なる弱体振りを露呈すると、列強の爪牙は一挙に中国を襲ったのです。

まず、露・独・仏の3国は「三国干渉」によって、遼東半島の日本への割譲を阻止した代償を清国に求め、露国は対日露清密約を締結し、東清鉄道の敷設権を獲得し、独国は山東半島膠州湾の租借権を、また仏国は広州湾の租借権を夫々獲得し、更に3国は天津と漢口に租界を設定しました。

1898（明治31）年、露国は遼東半島の25年租借と南満鉄道の敷設権を獲得しました。英国は露国が獲得した旅順・大連に対抗するため山東半島威海衛の租借と、香港の対岸九龍半島の99年租借を要求し、実現しました。

既にアヘン戦争（1840年）以来、これまでに英国は香港島と九龍の一部を割取し、英・仏・米3国は清国に不平等条約を押し付け、治外法権を取得し、露国は黒竜江左岸を割取し、沿海州を露領とするなど、中国の半植民地化が始まっていましたが、「三国干渉」を機に一挙にそれが拡大しました。このような西欧列強の中国侵略による東亜全体の危機を前にして日清両国の先覚者たちは東亜の防衛策保全と中国の改革運動に立ち上がったのです。日本においては、先覚の士が大同団結し、東亜同文会を結成して運動を開始し清国においては康有為らによって変法自彊を目指す革新運動が起こり、また孫文らの興中会結成による国民革命運動が開始されました。東亜同文会の創立「主意書」は「日清友好、改革実行」を謳い、近衛の在世中は、清朝はじめ劉坤一、張之洞ら洋務派の大官と極めて密接な交流が続きました。

東亜同文会は、東京に「東亜時論」を創刊して、中国領土分割の危機に対する日本国民の関心を喚起し、他方、上海、漢口、広州、北京などに支部を設立して、情報蒐集や調査、研究、中国の改革派との連携、両国の人材養成などに努め、また中国世論への影響力拡大のため、中国語新聞「漢報」「閩報」「同文滬報」と中国誌「阿東時報」を経営しました。また後に東亜同文会の教育事業の柱となる東亜同文書院と東京同文書院が創立されました。

ところが1900（明治33）年、義和団の乱に起因する北清事変によって、首都北京は8か国連合軍に占領され、西太后は西安に蒙塵し、京津地区には連合国による共同管理が実施され、更に露国は大軍を満州に投入し、朝鮮半島の安全をも脅かすに至りました。

この時、西欧列強の間には支那国際管理論が抬頭し、日本においてもこれに同調する支那分割論が生まれたのです。これは「支那保全」を標榜する東亜同文会にとっては到底黙認できないことでした。9月、近衛を盟主とする「国民同盟会」が発足し、清国保全、韓国扶助、対露対決の国民輿論を喚起する一大国民運動を展開しました。1902年日英同盟が成立し、露国が満州還付条約を調印したことにより「同盟会」は一旦解散しました。しかし翌年露国の撤兵違約、満州占領に対し、近衛は改めて「対露同志会」を結成し、国民の対露決戦の決意と団結を固める国論喚起に奔走し、日露戦争勝利の基礎を作ったのです。しかし近衛は開戦2ヶ月前の1904（明治37）年1月に長逝しました。42歳でありました。

7．東亜同文会の動向

近衛の逝去後、東亜同文会運営の中心となったのは幹事長根津一でありました。根津は1900（明治33）年4月、東亜同文書院の院長就任のため、近衛に招聘されて入会しましたが、同年8月幹事長を兼任し、翌1901年上海に同文書院を創設した後も兼任を続け、幹事長在任は14年に及びました。

根津の時代に入ってからの東亜同文会は、創立当初の方針に戻り、中国の政治問題に関与することを避け、事業活動は、東亜同文書院の経営を主軸とする教育文化事業に力を注ぎました。

東亜同文会が「支那の改善を助成する」ための方策として、教育事業を選んだのは、教育・言論を重視した近衛の方針と、日中提携の基礎は両国の「教育協同」にありとする根津の信念によるものでありました。

1922（大正11）2月、東亜同文会は財団法人に改組し、会の目的が日中両国のための教育文化事業にあることを更に鮮明にしました。

1918（大正7）年には同文書院内に中国人学生を対象とする中華学生部が設立され、また1921（大正10）年と1922年には中国人の中等教育を目的とする天津同文書院（後の中日学院）と漢口同文書院（後の江漢中学）が夫々開設されました。また、この時期に強化された中国調査旅行においても、その成果に注目すべきものがありました。同会機関誌に掲載された膨大な数の中国研究論文以外に、1期から4期までの同文書院学生による現地調査報告の集大成『支那経済全書』（12巻）が出版され、また12期にわたる学生約1,000人の中国現地調査により収集された資料に基づいて『支那省別全誌』（18巻）が編纂、刊行されました。

創立から日露戦争までは「国民同盟会」や「対露同志会」の結成など政治活動が活発であったが、その後満州事変までは、東亜同文書院を中心とする教育事業、中国研究、文化交流に集中する、いわば東亜同文会の黄金時代が続いたのです。

しかし、昭和期に入ってからは、日中関係は次第に避け難い衝突路線を歩み始めました。それは日本が19世紀の苛烈な帝国主義競争時代を生き抜き、日露戦争の結果取得した条約に基づく満蒙特別権益の維持を求めたのに対し、中国の高揚するナショナリズムが国権の回復を求め、反日抗日対策をとり続けたからです。このような背景の中で、満州事変が日本軍の実力行使によって起こりました。その後の日本の大陸への関与は、盧溝橋事件、上海事変に始まる日中戦争の拡大から大東亜戦争（太平洋戦争）への突入とその敗戦によって終わりました。

この間の東亜同文会の立場は、石射猪太郎（書院5期生）に代表されるように、武力による膨張主義にあくまでも反対し、日中提携、平和共存による両国友好関係を確立することにありました。後に外務省東亜局長となった石射は、盧溝橋事件の拡大、中国への出兵に極力反対しました。東亜同文会は、機関誌『支那』(昭和7年2月号)において、上海事変を起こした軍部の無定見を批判しました。東亜同文会長であり、総理でもあった近衛文麿は、軍部の暴走を阻止して日中和平工作を実現すべく再三努めましたが、その都度軍部の反対に遭いました。最後には三国同盟の解体と中国からの撤兵を条件に、日米首脳会議の実現を期しましたが、その努力は結実しませんでした。

東亜同文会では、機関誌において、中国の不平等条約改訂や治外法権撤廃をしばしば支持し、満州についても中国の領土保全、機会均等を主張して日本の独占を排除する論説を掲げました。同会は、常に中国の政治、経済、文化など各部門の学術的調査及びそれに基づく中国知識の普及という客観的立場を堅持することを方針としたのですが、激変する政治的軍事的情勢の展開の中で、次第に国策に順応する世論形成活動への協力を余儀なくされました。同会は、補助金を受ける外務省文化事業部の管轄下にありましたが、1938（昭和13）年に設立された興亜院との二重管理下に入り、更に1944（昭和19）年には大東亜省主管、文部省共管の法人となり、戦時体制下、国策に協力する活動は避けられなかったのです。

しかし、その場合でも、正確な中国情勢の提供に努力し、大東亜戦争によって国民の関心が南方に移り、中国問題を等閑視することを戒め、日中戦争解決の重大性など常に中国の立場に立つ啓蒙活動を続けました。東亜同文書院大学では、最後まで自由な雰囲気の中での教育と研究を守り通し、軍部主導の対中国政策に対する批判精神を失わなかったのです。

8. 東亜同文会の人事と事業

東亜同文会創立時の会員60名の中から近衛会長ほかの役員が選出されましたが、国庫補助金支出が遅れたため、1899（明治32）年3月春季大会を開催し、改めて人事を一新し、事業計画を決定しました。決定された事業計画は、中国及び朝鮮において学校を興して両国の青少年の教育に協力すると共に、新聞、雑誌を発刊して国民の啓蒙・教育に資せんとするものでした。また同文会支部を北京・上海・漢口・福州・広東に設置して事業を行わせることにしました。このほか、大規模な学校を中国内に開設すべきであるとの意見が会内に起こり、近衛会長が両江総督劉坤一の学校開設援助の確約を得て、1900（明治33）年「南京同文書院」を開設し、これは翌年上海の「東亜同文書院」へと発展し、東亜同文会にとって最大の事業となりました。

近衛会長が逝去して、青木周蔵子爵が会長に就任し、長岡護美副会長、根津一幹事長（兼同文書院院長）は変わらなかったが、会の性格は次第に政治活動から遠ざかり、教育・文化活動を主体とする団体に変移しました。1914（大正3）年、根津幹事長は、同文書院の復興（前年第二革命の兵火により校舎が全焼した）に専念するため、幹事長を辞任して院長専任となり、小川平吉が幹事長に就任しました。

1916（大正7）年牧野伸顕子爵が副会長から会長に就任しましたが、就任に当って「会の活動を純粋な文化教育事業に限る」ことを受諾条件にしました。1920年、小川幹事長に代わり、白岩龍平（日清貿易研究所出身）が幹事長代理となり、次いで理事長となりました。

1922（大正 11）年、東亜同文会は財団法人に改組し、牧野・白岩体制に副会長近衛文麿を加え、同時に寄附行為において、会の目的が教育・文化事業にあることを明記しました。

大正末期から書院 1 期生の一宮房次郎、牧田武、土屋鼎、神津助太郎、岩間徳也らが相次いで理事又は常任理事に就任し、東亜同文会の中枢はこれら書院卒業生によって占められ、昭和 10 年代後半には一宮・牧田両常務理事のほか、宇治田直義（13 期）も常務理事に加わったのです。

1936（昭和 11）年、牧野会長が病気で辞任し、近衛副会長が会長となり、また病気で辞任した白岩理事長に代って岡部長景子爵が理事長に就きました。近衛は三次にわたり組閣の大任を負いましたが、終戦の 1945（昭和 20）年まで会長の座にありました。園部の後を継いだ阿部信行理事長も 1939（昭和 14）年組閣しました。1942（昭和 17）年、阿部理事長が副会長に、津田静枝が理事長に就任しました。東亜同文会が終戦により解散する直前の 1945（昭和 20）年 12 月、会長は近衛、副会長は阿部、理事長は一宮という布陣でありました。

東亜同文会の事業は次の通りでした。

⑴ 教育事業

東亜同文会最大の事業は、日中両国の友好提携に必要な人材を育成する教育事業でした。このため日本人教育機関として上海に東亜同文書院、また中国人受入れ機関として東京に東京同文書院を設立しました。第一次大戦後に再開された団匪賠償金を利用して、東亜同文書院の拡充と中華学生部の付設、中国人教育のための中等学校の新設が認められ、これらに対し 1923（大正 12）年以降、「対支文化事業特別会計」からの補助金が支給されました。また昭和年代には、日中戦争拡大の中で東亜同文書院を大学に昇格させ、また大学に専門部を付設し、更に北京経済専門学校、北京工業専門学校を経営しました。

⑵ 調査出版事業

中国問題に関する調査、研究、出版、知識普及の面では、約半世紀にわたり絶えることなく月刊の機関誌を発行し、年鑑、人名鑑、経済全書その他多くの文献を上梓し、中国事情の紹介、普及に大きな役割を果たしました。

機関誌は1898（明治31）年の会の創立以来、最後は『支那』へと引継ぎ、47年間に通計620冊となり、当時の中国資料として貴重な記録を残しました。主要出版図書は、『清国通商総覧』（3巻）、『支那経済全書』（12巻、1906年出版）、『支那省別全誌』（18巻、1917～20年出版）、『新修支那省別全誌』（9巻、1941～46年出版）。その他『特殊条約彙纂』、『支那政治地理誌』、『支那重要法令集』、『支那貿易』等の労作、更に政治・外交・経済関係叢書類、また前後7回にわたり『年鑑』、『支那人名鑑』等の貴重な図書が刊行されました。

⑶ 啓蒙事業

東亜同文会は会館・図書館の設置、講演会・講習会等の開催により、中国に関する知識・情報を広く国民に普及させました。

1929（昭和4）年、霞山会館が建設されたのを機に、図書館を充実し、ここを拠点に会員の拡大を図り、中国問題に関する各種啓蒙事業を実施しました。例えば1939（昭和14）年には161回（延べ人員3,929名）の各種集会を行っています。会員数は約4,300名でした。

９．東亜同文書院

東亜同文書院の専門学校としての歴史は、1901（明治34）年５月の開校に始まり、1939（昭和14）年12月の大学昇格まで38年にわたる（終点を39期生が卒業した1942年９月とすれば、41年になる）。この間院長は根津一、杉浦重剛、大津麟平、近衛文麿、大内暢三、矢田七太郎、本間喜一の７代６名、校舎は２度戦火を蒙り、移転６度に及びました。卒業生の総数は3,219名で、その内訳は政治科116名、商務科2,995名、農工科一部25名、同二部35名、中華学生部48名でした。卒業後の活動分野は、日本官吏（外務省）、満蒙官吏、独立企業、銀行業、教育、新聞、公益事業と幅広く、なかでも日中間の貿易経済に因る商工業と会社が圧倒的に多かったのです。

学科は最初、政治・商務の両科に分れ、修業年限は３年。1914（大正３）年９月農工科が新設されて三科になったが、政治科は1921（大正10）年６月、農工科は翌年６月に廃止され、以後商務科のみとなりました。また修業年限は、1921年の入学生（21期）から４年制となりました。学科の科目は高等商業学校と同程度の授業を目指していたが、中国語、中国関係の諸科目が圧倒的に多かったのです。また１期生から絶えることなく実施された独特かつ重要な科目は「中国調査大旅行」であり、この成果が同文書院の中国研究の真骨頂を発揮しました。

1920年代には、国際都市上海で書院の学生が全く自由な活動を行ったのですが、1928（昭和３）年には日本国内で共産党に対する大弾圧が行われ、上海でも領事館警察は書院の中国問題研究グループの活動監視を強化し、1930（昭和５）年に書院で反戦ビラ事件があり、学芸部員８名が検挙退学させられ、1933（昭和８）年には左翼系学生

19 名に対する第二次検挙が行われました。書院には右翼から左翼に至るまで幅広く学生がおりました。

10. 東亜同文書院大学

東亜同文書院が予科 2 年、学部 3 年制の大学に昇格したのは、公式には 1939（昭和 14）年 12 月ですが、実際には同年 4 月の第 1 回予科生の入学に始まり（学部は 1941 年 4 月、また新設された大学付属専門部は 1943 年 4 月に開学）、1945（昭和 20）年 8 月の敗戦によって事実上閉学となり、翌年 3 月までに上海より教職員・学生全員が引揚げ帰国したので、大学としての存続期間は 7 年で終ったことになります。

同文書院の徐家滙虹橋路校舎は、1937（昭和 12）年、第二次上海事変によって焼失したので、翌年 4 月近隣の交通大学（海格路）校舎を借用し、避難先の長崎から復帰開校しました。従って東亜同文書院大学は、借用した交通大学でその短い歴史が終ったのですが、この校舎では大学の予科生・学部生（40 期から 46 期まで）が商務科の 38・39 期生及び専門部生（44 期から 46 期まで）と起居を共にし、書院の輝く伝統を受け継いだのです。（但し 1943 年 12 月以降終戦まで、学徒動員により約 400 名の学生は校舎を離れなければならなかったのです。）

大学昇格後、書院に学んだ者は第 40 期から 46 期までで、その人数は 1,492 名であり、専門学校時代の卒業生 3,219 名と合算すると 5 千名弱となります。

これら同窓生の活動分野は外交界、学界、言論報道界、実業・金融界、満鉄、満州国その他官民各分野にわたっています。いずれの分野でも卓越した業績を残した者が多く、書院出身者としての本領を発揮しています。戦前、日中貿易の主役をつとめた書院出身者は、戦後においても表舞台で活躍したのですが、その数は極めて多いです。「文化大革命」に際し、記者交換協定によって北京に駐在していた日本人特派員9名のうち4名が書院出身者であり、そのうち中日・東京新聞の伊藤喜久藏（40期）による文革報道が世界の注目を集め、ボーン賞が贈られました。

戦後、東南アジア各国に駐在する商社や在外公館には驚く程、東亜同文書院出身者が多かったです。同文書院は滅んでも、その書院精神は、日本国民とアジア諸国民との関わりの中で、脈々と生きていたのです。

第5部　小崎昌業業績

関連文献

（愛知大学東亜同文書院大学記念センター出版物を中心に）

〈著書〉

1．(編著)『東亜同文会史 昭和編』、霞山会刊、1272 頁、2003 年 8 月

〈論文、報告〉

2．「愛知大学の原点は東亜同文書院大学――その建学精神の継承と発展」、『東亜同文書院大学と愛知大学― 1940 年代・学生たちの精神群像―』、pp. 14–29、六甲出版、1993 年 10 月

3．「大成功裡に終った東亜同文書院創立百周年記念行事」、『同文書院記念報』vol. 10、pp. 19–20、2003 年 3 月

4．「東亜同文書院出身者と日中関係」、『同文書院記念報』vol. 12（10 周年記念シンポジウム特集号)、pp. 8–19、2004 年 3 月

5．「東亜同文会・東亜同文書院大学の今日的意義―霞山会・愛知大学への伝統継承と発展―」、『大倉山論集』第 51 輯、pp. 19–60、財団法人大倉精神文化研究所、2005 年 3 月

6．「東亜同文書院そして愛知大学へ――念願の中国を極める 今も生きる“書院精神”」、『学生たちの証言で綴る 創成期の愛知大学』、pp. 8–17、愛知大学同窓会創立 55 周年記念誌、2007 年 11 月

7．「“本学の前身”　東亜同文書院大学」、『愛知大学史研究』 1 号、愛知大学東亜同文書院大学記念センター、オープン・リサーチ・センター刊、pp. 65–75、2007 年 10 月

8. 「シカゴと神戸での展示会と講演会」、『愛知大学東亜同文書院大学記念センター、オープン・リサーチ・センター年報』 4 号、pp. 153–155、2010 年 6 月
9. 「東方斎・荒尾精の生涯」、『同文書院記念報』vol. 19、pp. 32–44、2011 年 3 月
10. 「東亜同文書院出身、愛大 23 年卒」、『愛知大学東亜同文書院大学記念センター、オープン・リサーチ・センター年報』 5 号、pp. 16–19、2011 年 3 月
11. 「推薦の辞、東亜同文書院記念基金記念賞 小坂文乃先生」、『同文書院記念報』vol. 19、pp. 49–52、2011 年 3 月
12. 「東亜同文書院（のち大学）と私」、『愛知大学東亜同文書院大学記念センター、オープン・リサーチ・センター』 5 号、pp. 69–73、2011 年 3 月
13. 「東亜同文書院から外務省へ」、『同文書院記念報』vol. 22、pp. 57–66、2014 年 3 月

愛知大学東亜同文書院ブックレット　⑨

小崎外交官、世界を巡る
東亜同文書院大学、愛知大学から各国大使・公使としての軌跡

2016年３月30日　発行
著者◉小崎昌業（おざきまさなり）
編集長◉藤田佳久
企画・構成◉田辺勝巳・森　健一
編集◉愛知大学東亜同文書院大学記念センター
〒441-8522 豊橋市町畑町1-1　Tel. 0532-47-4139
発行◉株式会社 あるむ
〒460-0012 名古屋市中区千代田3-1-12　第三記念橋ビル
Tel. 052-332-0861　Fax. 052-332-0862
http://www.arm-p.co.jp　E-mail: arm@a.email.ne.jp
印刷◉(有)昌映印刷

ISBN978-4-86333-105-1　C0323